中国近代新闻学名著系列丛书

芮必峰 ◎ 主编

战时新闻学

—— 任毕明 ◎ 著 ——

中国传媒大学出版社

·北 京·

编 委 会

主　编　芮必峰

副主编　姜　红　刘　勇

编　委　贾　南　周　彤　张冰清　侯普曼

出版说明

本丛书整理再版了近代在中国用中文出版的经典新闻学著作，所涉及的图书既有专著、教材，也有译著，全面涵盖了新闻学理论、新闻业务、新闻史等领域，成书年份前后跨越40年。在这40年间，中国的新闻学科从无到有、从借鉴到创新，成就巨大。对这些著作的再次出版，为研究中国近代新闻学提供了珍贵的史料，绘制了中国近代新闻学的全景，度量了中国近代新闻学的厚度，填补了该领域空白，也为纪念中国新闻学诞生100周年献上了一份厚礼。

我们请中国人民大学新闻学院教授、博士生导师，广西大学新闻传播学院院长，教育部社会科学委员会委员兼新闻传播学科召集人郑保卫，及中国传媒大学传播研究院院长、教授、博士生导师，中央实施马克思主义理论研究和建设工程新闻学首席专家雷跃捷对本丛书的内容进行了审定，并根据专家的意见进行了修改。在此对两位专家所付出的辛勤劳动表示衷心感谢。

由于历史原因，本丛书中的个别图书存在一些问题，为保存历史原貌，为研究者提供一手的参考资料，影印时均基本保持其原貌，未作大的删改，希望读者结合当时的历史条件和历史环境，对其中的观点进行批判性借鉴。原书中存在一些错别字、漏字和排版错误，我们在影印时均未做改动，敬请读者注意。

由于原书出版年代久远，本丛书中的许多书籍难觅其踪，存世数量稀少，版权状况极其复杂。为了保证本丛书的学术性和完整性，我们将具有价值的图书先行选入其中，进行了抢救性发掘，力图保存中国新闻史珍贵的历史资料。版权所有人若有异议，请及时与我们联系。

为更好地体现中国近代新闻学的发展脉络，本丛书特别收录了欧美学者休曼的《实用新闻学》、斯蒂德的《新闻学的理论与实际》；日本学者松本君平的《新闻学》、后藤武男的《新闻纸研究》、杉村广太郎的《新闻概论》。当年这些书的出版对中国近代新闻学具有一定的借鉴意义。

本丛书为影印制作，成书清晰度由原书决定，由于出版年代久远，受当时生产力水平及制作方法限制，难免会存在一些缺陷，敬请读者谅解。

中国传媒大学出版社

总　序

如果从1903年商务印书馆编译出版日本人松本君平的《新闻学》算起，中国的新闻学已有115年历史①。如果从1918年北大新闻研究会建立，徐宝璜开办新闻学讲座算起，中国新闻学教育和研究迄今正好100年历史。我们搜集整理了清末至民国期间一些有代表性的新闻学书籍，希望借此重现早期中国近代新闻学的本来面貌，反映我国新闻学发展的历史脉络，我们认为，这对中国新闻学术、教育史研究以及中国近现代思想史研究都是很有意义的。

从1903年到1949年9月的40多年间，我国公开出版和内部印行的新闻学书籍，包括专著、教材、论文集、资料汇编、参考工具书等，约468种之多。②它们集中反映了我国新闻学的历史发展轨迹。然而，由于多种原因，这些书籍除了几本曾被重印出版外，大多已经是“只闻其名、难觅其踪”，这对我国新闻学研究不能不说是一个遗憾。

本丛书在梳理1903—1949年间出版的有代表性的新闻学书籍的基础上，精选了50部著作，校订注释，编纂再版，也算对这一遗憾的弥补。

从我们挑选的这50部新闻学书籍来看，中国早期新闻学的发展有三个鲜明的特点：

一、中国早期新闻学的发展与中国社会发展，尤其与国家民族利益息息相关

40多年间，中国新闻学从近乎空白到勃然而兴，这与中国社会的动荡、变

---

① 黄天鹏回顾新闻运动时说：“有清光绪二十八年，商务印书馆刊行《新闻学》一书，为我国人知有新闻学之始，原书为日人松本君平所著……”资料来源：黄天鹏．新闻运动之回顾［A］．黄天鹏．新闻学名论集［C］．上海：上海联合书店，1929．

② 林德海，等．中国新闻学书目大全1903—1987［M］．北京：新华出版社，1989．

革休戚相关。西方新闻学是现代化的产物，最早形成于19世纪末20世纪初。1901年,“新闻学”一词首见于中文报章①，但直到民国前夕，国人对于“新闻有学乎”尚存疑，认为报社就是新闻人才的“养成所”。至1912年上海报业俱进会以“吾国报业之不发达……其最大原因，则为无专门之人才”②为由，号召组织报业学堂，培养报业专门人才。不难看出，此时新闻界亦将新闻学视为办报之“技”。至1918年邵飘萍为徐宝璜《新闻学》作序仍“窃叹我国新闻界人才之寥落，良由无人以新闻为一学科而研究之者”③。黄天鹏把1903年至1918年新闻学研究会建立之前的十余年视为中国新闻学的启蒙期。④

1918年，随着以启蒙为目标的新文化运动愈演愈烈，新思潮涌入国门，“新学”“西学”站在旧传统的对立面被学界关注，新闻学思想也不例外。作为公学之首和新文化运动中心的北京大学率先开办新闻学研究会，力证了“新闻学”存在的正当性；徐宝璜《新闻学》一书问世，成为中国新闻学理论的奠基之作。新闻学教育兴起，新闻学研究著作渐盛，待到北伐前夕，中国新闻学从学理上和实践上俱已建立起来。

新文化运动后期，马克思主义传入中国，资本主义文明逐渐“祛魅”。之后的大萧条使得西方国家的痼疾暴露无遗，曾经“理想之彼方”的西方报业也难以幸免。在这一时代背景下，如何建立“吾国之报业”成为新闻学研究的热点，围绕这一热点，一方面，关于中外新闻理论、新闻事业、新闻业务的著作日益涌现；另一方面，军阀对于激进言论的暴力摧残，又引发了新闻人对于言论自由的论争。20世纪20年代的中国新闻学呈现百家争鸣之势。

“在这言论自由纷争之际，也有若干论调，认为新闻纸不过是一种政治宣传的工具，在新闻学方面也唱过所谓社会主义的新闻理论，不过这种论调没有完成，当头的国难已把这种理论粉碎。”⑤“九一八”事变后，面对空前的民族危机,“国家至上、民族至上”成为国论，报业成为勾连与动员社会的渠道和网络，

---

① 梁启超．本馆第一百册祝辞并论报馆之责任及本馆之经历［J］．清议报，1901（100）：1–8．

② 戈公振．中国报学史［M］．上海：上海书店，1989：278．

③ 徐宝璜．新闻学［M］．长春：时代文艺出版社，2009：7．

④ 黄天鹏．四十年来中国新闻学之演进［M］//龙伟，任羽中，王晓安，何林，吴浩．民国新闻教育史料选辑．北京：北京大学出版社，2010：149．（以下征引本书时，一律简注为《民国新闻教育史料选辑》。）黄天鹏在此文中提出他对于1903年到战事结束的40余年间中国新闻学发展阶段的划分，原载《中国新闻学会年刊》第1期，1942年9月。

⑤ 黄天鹏．四十年来中国新闻学之演进［M］//民国新闻教育史料选辑．北京：北京大学出版社，2010：161．

致力于推动“舆论统一”。直到全面抗战中期之前，以战争宣传动员为主要研究目标的“战时新闻学”都是新闻学研究的热点。

1943—1949年中华人民共和国成立前夕，随着战争形势的转变，抗日战争已现胜利的曙光，中国新闻学人开始构想新闻业的未来。萨空了①于1943年开始着手书写《科学的新闻学概论》，旨在提醒新闻人应“鉴于美英的前车”②，避免报纸“为大财阀资本家所独占”③，“积极地设法使报纸成为大多数民众自己的相互报道消息、提供意见的工具”④。

二、中国新闻学是“西学东渐”的产物，中国早期新闻学人大多具备西学背景

“西学东渐”的内在精神是中体西用。在“用”的招牌下，西学大量涌入。中国新闻学直接引自日本和美国。首先，中国最早的新闻学译著分别为1903年商务印书馆编辑出版的松本君平的《新闻学》和1913年美国记者休曼著、史青编译的《实用新闻学》。前者成为中国新闻学的开端，而后者作为美国第一本新闻教育著作，“提供采访编辑各种实际问题的解决方案”⑤，也奠定了中国新闻人对于新闻教育之作用的基本构想。

早期中国新闻学人大多具备留美留日的求学背景。徐宝璜曾于美国密歇根大学修习经济学与新闻学，其《新闻学》（1919）的参考文献包括在美国出版的图书23种、在英国出版的图书7种，印证了时任北大校长蔡元培所言，“新闻学之取资，以美为最便矣”⑥。任白涛求学日本早稻田大学政治经济学系时，加入了《朝日新闻》名记者杉村楚人冠等筹建的“大日本新闻学会”⑦，《应用新闻学》

---

① 萨空了（1907—1988）四川成都人，蒙古族，笔名了了、艾秋飚，记者、主编、新闻学家。1927年任《北京晚报》《世界日报》编辑记者、《世界画报》总编辑。曾任教民国学院新闻系、北京新闻专科学校。1935年任上海《立报》副刊主编、总编辑兼经理。中华人民共和国成立后任中央人民政府新闻总署副署长兼新闻摄影局局长、出版总署副署长、全国政协副秘书长兼《人民政协报》总编辑等职。负责主编《中国大百科全书·新闻出版》卷，著有《科学的新闻学概论》《科学的艺术概论》《宣传心理研究》等。

② 萨空了．科学的新闻学概论［M］．香港：文化供应社，1946：36.

③ 萨空了．科学的新闻学概论［M］．香港：文化供应社，1946：36.

④ 萨空了．科学的新闻学概论［M］．香港：文化供应社，1946：36.

⑤ 黄天鹏．四十年来中国新闻学之演进［M］//龙伟，任羽中，王晓安，何林，吴浩．民国新闻教育史料选辑，北京：北京大学出版社，2010：157.

⑥ 邓绍根．中国新闻学的筚路蓝缕：北京大学新闻学研究会［M］．北京：清华大学出版社，2015：228.

⑦ 1915年《朝日新闻》的杉村楚人冠等在庆应义塾大学创办“新闻研究会”并讲授课程，后根据该讲义出版了《最近新闻纸学》（1918）。其时，杉村楚人冠还兼任“大日本新闻学会”的筹建者与学会新闻讲座讲师。

（1922）正是仿照杉村楚人冠《最近新闻纸学》一书体例所做。[①]邵飘萍的《实际应用新闻学》（1923）亦参考了《最近新闻纸学》。[②]杉村楚人冠深受美、德新闻思想熏陶，美、日、德的新闻思想因故才传到中国。

事实上，正是留美、留日学生群体的新闻学著述构建起了中国早期新闻学的基本框架。仅本丛书所涉国内著（编）者30人中，剔除资料不详者3人，有留学经历者共计15人。其中留美5人：徐宝璜、伍超、赵敏恒[③]、戈公振[④]、曹用先[⑤]；留日8人：吴定九[⑥]、邵飘萍、黄天鹏、任白涛、张友渔[⑦]、谢六逸、袁殊[⑧]、王文萱[⑨]；

① 周光明．近代新闻史论稿［M］．北京：社会科学文献出版社，2014：276．

② 方晓红．中国新闻简史［M］．南京：南京师范大学出版社，1996：122．

③ 赵敏恒（1904—1961），记者、新闻学教授。早年就读于清华大学，1923年起先后于美国科罗拉多大学文学院、密苏里大学新闻学院、哥伦比亚大学新闻学院攻读英国文学和新闻学，并获新闻学硕士学位。1925年起在纽约环球通讯社当编辑。1927年回国，在国民政府外交部情报处短暂工作后加入路透社。1945年10月任《新闻报》总编，兼任复旦大学新闻学教授。

④ 留学两个及两个以上国家的，按其留学的第一个国家计。

⑤ 曹用先，女，宁波人，天津南开大学社会科毕业。1926年与未婚夫查良鉴自南开大学毕业后，同赴密歇根大学留学，1930年在该校安娜堡完婚。硕士毕业后回国，曾就职于上海商务印书馆编辑所并任教于大夏大学，1949年与查赴台，1951年4月病逝于台湾。

⑥ 吴定九（1890—1930），名鼎，字定九，嘉定人。著名报人，《京报》元勋之一，著有《新闻事业经营法》。公派赴日本名古屋学习土木工程时，与在东京政法学校读书的邵飘萍成为密友。1923年9月，私立北京平民大学设立报学系，时任京报社经理的吴定九担任教授并讲授专业课程“新闻经营法”。

⑦ 张友渔（1898—1992），原名张象鼎，字友彝，又名张忧虞，山西灵石人。法学家、政治学家、新闻学家。先后求学于山西第一师范学校，国立北平法政大学法律系。1927年任《国民晚报》社长兼总编辑。同年加入中国共产党，任中共北平市委委员兼秘书长。1930年赴日留学。“九一八”事变后回国任《世界日报》主笔及燕京大学、中国大学、民国大学、中法大学、北平大学法商学院教授，讲授宪法学、劳动法学、新闻学和日本问题。1943年起在重庆任中共南方局文委秘书长、《新华日报》社论委员会委员、中共重庆工作委员会候补委员兼政策研究室副主任、《新华日报》代总编辑等职。

⑧ 袁殊（1911—1987），中共谍报人员、记者、新闻学者。早年赴日攻读新闻学、东洋史。曾创办上海自修大学并设新闻专科。1931年3月创办的《文艺新闻》，最早揭露了左联五烈士被害的消息。1932年任新声通讯社记者，经潘汉年引介加入共产党。1942年卧底敌伪报纸《新中国报》，1945年10月转移到苏北解放区；1949年调入中央情报部门。著《记者道》《学校新闻讲话》《新闻大王赫斯特》等书；译《新闻法制论》等。

⑨ 王文萱，曾留学日本，1930年5月翻译杉村广太郎的《新闻概论》。1942年国立社会教育学院新闻系成立，王文萱在该系教授新闻业务课程。1947年年初，李宗仁授意萧一山在北平创办《经世日报》作为喉舌，任命王文萱、蓝文澄两位教授为主笔。

旅欧2人为胡愈之和储玉坤[①]（详情见表）。这些涉足新闻学研究的归国留学生兼容并蓄，汲取美、日、德等国新闻理论和马克思主义新闻思想的精华，进行本土化改良，亦从侧面反映出中国新闻学的理论来源。

三、中国早期新闻学人往往兼新闻实践、新闻教育、新闻研究于一身

1918年，北京大学新闻学研究会成立，徐宝璜负责讲授新闻学知识。他结合自身从业经验，参考欧美新闻学书目，形成课程讲义；再结合讲课心得，不断完善新闻学理论。1919年，国人自撰的第一本新闻学专著《新闻学》最终成书。徐在自序中细陈写书修书之过程："新闻学乃近世青年学问之一种，尚在发育时期。余对于斯学，虽曾稍事涉猎，然并无系统之研究。客岁蔡校长设立新闻学研究会，命余主任其事，并兼任导师。余乃于暑假中，正式加以研究，就所得著《新闻学大意》一篇，以为开会后讲演之用。……开会后，余继续研究，加以会员之质疑问难，时有心得，遂将原稿加以修改，成第二次之稿……"[②]显然，"曾稍事涉猎"指其曾经担任《晨报》主笔的工作经历。早期中国新闻学人兼具从业经验和新闻学教学经验者多会总结实践经验、丰富新闻理论、著书立说、传道授业，这种情况并不鲜见。

从早期新闻学著作的作者（编者）身份来看：本丛书涉及国内著（编）者30人，除李公凡、刘元钊和鲁风三人身份不详，仅蒋国珍[③]、项士元[④]二人没有明确的新闻从业经验。而在这25人中，更有20人兼具从业经历与从教经历。新闻学人大多具有新闻从业经历，学术研究、传承活动与新闻实践密不可分（详

① 储玉坤，1912年生，江苏宜兴人，笔名雨君、储华。1937年中央政治学校大学部新闻学及国际政治专业毕业。1938年1月任《文汇报》编辑兼社论撰述者；1938年5月担任《文汇报》法国哈瓦斯分社编辑；抗战胜利后，任《文汇报》总主笔。1946年5月转任《申报》主笔和法国新闻社远东分社中文部主任，兼任中国新闻专科学校教务长和沪江大学新闻系教授。著有《现代新闻学概论》《第二次世界大战史》《美国经济》。

② 邓绍根，中国新闻学的筚路蓝缕［M］. 北京：清华大学出版社，2015：244.

③ 蒋国珍出生于1896年，江苏溧阳人，做过学生运动领袖、国民党党员、教育工作者、政府职员、银行经理。曾加入上海学生运动，代表上海全国各界联合会、全国学生联合会、上海各界联合会、学生联合会四团体发声。虞文俊认为其传世的《中国新闻发达史》翻译自日本人伊藤武雄的《中国新闻发达史》，即蒋国珍应为此书的译者而非著者。

④ 项士元（1887—1959），佛教居士、学者。原名元勋，号慈圆，又号石槎。浙江临海人，通日、英、德、梵、俄文，一生佛学著作等身。25岁毕业于杭州府中学堂，后办私立小学和赤城初级师范，兼任各校教师；捐资并赠书创办了临海图书馆。项士元长期辗转江浙等地从事教育、新闻和史志方面的研究工作。中华人民共和国成立后主持台州文管会，任浙江省文史馆馆员。所著《浙江新闻史》是中国最早的新闻史之一。

见表1[①]）。

从新闻学著作本身来看，许多民国新闻学书籍正是新闻实践和新闻教育的直接产物：国人自撰的第一部新闻采访学专著——《实际应用新闻学》根据邵飘萍在北京大学新闻学研究会和平民大学新闻系的讲稿所著，《新闻学总论》一书则根据邵氏国立政法大学的新闻学讲义整理而成；周孝庵[②]根据自己在复旦大学的新闻学讲义编著了《最新实验新闻学》；郭步陶[③]的《本国新闻事业》是上海市私立申报新闻函授学校讲义之十一；而《新闻学的基础知识》本就是中美日报读讯会[④]为新闻学自修者所出版的教材《实用新闻学讲义》之一；储玉坤的《现代新闻学概论》则是专门为大学新闻理论教科书而编写的（详见表2）。

正是由于早期新闻学人兼新闻实践、新闻教育、新闻研究于一身，才能为理论教学与著述提供最鲜活的案例，促使新闻实践经验迅速融入新闻学理论研究。这是近代中国新闻学迅速发展的重要因素，对于当今的新闻学研究、新闻学教育工作也有重要启示。

本丛书编委会邀请相关领域资深专家进行研讨，认真甄选了书目，仔细进行了版本比较和甄别，从而保证了本丛书较高的学术权威性。

由于历史的局限，民国新闻学书籍的不足是明显的，如学术理论不成熟、部分话语和话题打上了深深的时代烙印等；又因书中涉及的新闻稿件写作于特定历史环境和历史年代，其表达方式不严谨亦不可避免。盖所选书目皆是历史文献，我们在审校中尽量保持其历史原貌，不做大的删改；对极个别对马克思

---

① 李秀云．留学生与中国新闻学［M］．天津：南开大学出版社，2009：239-251．本书中李秀云整理了民国期间从事新闻学研究的留学生44人，并分析其留学国别构成、专业构成、新闻实践经历、从教经历等。

② 周孝庵（1900—1973），佛教学者、律师、报人。松江府人。毕业于江苏省立第一商业学校。历任上海时事新报馆记者、编辑、主编，著《最新实验新闻学》。1928年秋被复旦大学聘为新闻学教授。曾于上海法政大学获法学学士学位，1930年兼律师。1932年主编上海《新闻报》“法律质疑”栏目、编著了《法律质疑汇编》。上海沦陷后，曾氏关闭了律师事务所，潜心佛学研究。

③ 郭步陶（1879—1962），原名成爽，后改名惜，字步陶。四川隆昌人。名记者、新闻研究者。1911—1917年任《申报》编辑，1917年任《新闻报》编辑主任、主笔。1930年任教于复旦大学新闻系。上海沦陷后赴香港，任职于《申报》（香港）、《星岛日报》；1939年创建中国新闻学院（香港）并任院长。抗战胜利后回沪任教于复旦大学、新中国学院。

④《中美日报》是“孤岛”时期的国民党报纸，为躲避日伪新闻检查，在美商罗斯福出版公司招牌下运作，副刊有《集纳》《堡垒》等。1938年11月创刊，1941年12月停刊，1945年8月复刊，次年4月终刊。总编先后为杨勋民、查修、詹文浒，总主笔周宪文，执笔者有储玉坤、章丹枫等。胡道静曾任英文编辑。报社读讯会为自修新闻学的读者出版了《实用新闻学讲义》，共计10种，对编辑术、采访术、评论作法、新闻写作、新闻学史、剪报工作等都有专篇论述。

主义、共产党等的不适当叙述已进行了删除处理。

本丛书规模较大，从策划项目、搜集资料、校订编纂到审稿成书，历时两年有余。这50本书可能并非本本经典，其中有些内容亦有重复、雷同之处，但瑕不掩瑜，它们对于研究中国新闻学功不可没，作为新闻史资料极具研究价值。感谢中国传媒大学出版社和安徽大学新闻传播学院诸位老师的辛勤付出，也希望读者在本丛书中能读出更丰富的内容，获得启发并更深入地思考。

丛书主编　芮必峰

2018年5月7日

附表：

表1　著者受教育、从业、从教及著述情况列表

序号	姓名	是否留学及留学国家	从业经历	从教经历	著作
1	徐宝璜	美国密歇根大学，经济学、新闻学	北京《晨报》主笔	北京大学新闻学研究会、北京平民大学新闻系	《新闻学》《新闻事业》
2	戈公振	1927年赴美国、日本考察新闻事业	首创《图画时报》、“上海新闻记者联合会”会长、《申报》总管理处设计处主任兼《申报星期画刊》主编	上海南方大学新闻系、上海国民大学新闻系、复旦大学新闻系、上海沪江大学商学院、上海民治新闻学院	《新闻学撮要》《中国报学史》《新闻学》
3	邵飘萍	东京政法学校	《汉民日报》主编、《时事新报》《申报》《时报》主笔、创办“北京新闻编译社”、《京报》社长	北京大学新闻学研究会、北京平民大学新闻系、国立法政大学	《实际应用新闻学》《新闻学总论》
4	吴定九	日本名古屋工业专门学校土木工程	主持《京报》	北京平民大学新闻系、国立法政大学	《新闻事业经营法》
5	谢六逸	日本早稻田大学东洋文学史	《立报》文艺副刊《言林》主编、《国民周刊》《趣味》周刊主编	复旦大学新闻系、申报新闻函授学校、国立社会教育学院新闻系、暨南大学新闻系、大夏大学新闻系	《实用新闻学》《国外新闻事业》《新闻储藏研究》
6	黄天鹏	日本早稻田大学新闻系硕士	在北平创刊《新闻学刊》并担任主编	复旦大学新闻系、上海沪江大学商学院新闻学科	《新闻文学概论》《中国新闻事业》《新闻学入门》《新闻学概要》
7	赵敏恒	美国科罗拉多大学文学院、密苏里大学新闻学院、哥伦比亚大学新闻学院攻读英国文学和新闻学，并获新闻学硕士学位	纽约环球通讯社编辑，后加入路透社。“九一八”事变后为美国国际新闻社、伦敦《每日电讯报》《朝日新闻》等供稿。1945年10月任《新闻报》总编辑	复旦大学新闻系、中央政治学校新闻系、暨南大学新闻系	《外人在华的新闻事业》

续表

序号	姓名	是否留学及留学国家	从业经历	从教经历	著作
8	周孝庵	无	历任上海时事新报馆记者、编辑、主编；主编《上海新闻报》“法律质疑”栏目	复旦大学新闻系、新闻大学函授科	《最新实验新闻学》
9	张友渔	1930年、1932年、1935年多次赴日学习新闻学、考察日本新闻事业	《世界日报》编辑、《大同晚报》总编辑、《国民晚报》社长、《泰晤士报》总编辑、《新华日报》社论委员	燕京大学新闻系、北平民国学院新闻系	《新闻之理论与现象》《日本新闻发达史》
10	袁殊	日本新闻专科学校、早稻田大学历史系	创办《文艺新闻》《译报》、新声通讯社记者	上海自修大学新闻专科	《记者道》《学校新闻讲话》《新闻大王赫斯特》《新闻法制论》（译）
11	胡愈之	1928年法国巴黎大学攻读国际法	《东方杂志》编辑、创办《公理日报》、哈瓦斯通讯社远东分社中文部编辑主任、主编新加坡《南洋商报》		《胡愈之出版文集》
12	储玉坤	留法	《新闻报》编辑、《文汇报》编辑、法国哈瓦斯通讯社中国分社编辑、《文汇报》总主笔、《申报》主笔、法国新闻社远东分社中文部主任	中国新闻专科学校、沪江大学新闻系、之江大学新闻系、致用大学新闻学系	《现代新闻学概论》
13	任白涛	日本早稻田大学政治经济学	创办中国新闻学社、《新湖北日报》总编辑		《应用新闻学》《综合新闻学》
14	曹用先	美国密歇根大学①	上海商务印书馆编辑所②	大夏大学③	《新闻学》

① 毛彦文．往事［M］．北京：商务印书馆，2012：28.
② 雪林．一段值得介绍的婚姻（红藏·生活·第四卷第三十八期）［M］．湘潭：湘潭大学出版社，2014：435-437.
③ 毛彦文．往事［M］．北京：商务印书馆，2012：28.

续表

序号	姓名	是否留学及留学国家	从业经历	从教经历	著作
15	王文萱	留日①	《经世日报》②	国立社会教育学院新闻系③	《新闻概论》（译）
16	伍超	留美“攻读新闻科”④			《新闻学大纲》
17	郭步陶	无	《申报》编辑、《新闻报》编辑主任兼主笔、《申报》（香港）、《星岛日报》编辑	复旦大学新闻系、《申报》新闻函授学校、中国新闻学院（香港）、新中国学院	《本国新闻事业》
18	任毕明⑤	无	《民国日报》《时报》《快报》主笔、《大众日报》总编辑	香港中华新闻学院	《战时新闻学》《评论学十讲》
19	赵君豪⑥	无	《申报》副总编辑	上海商学院新闻专修科、复旦大学新闻系、上海法政学院新闻专修科	《中国近代之报业》《上海报人的奋斗》

① 杉村广太郎．新闻概论·黄序［M］．王文萱，译．上海：联合书店，1930．

② 冯国定．忆萧一山先生［M］//中国人民政治协商会议北京市委员会文史资料研究委员会文史资料选编（第43辑），北京：北京出版社，1992：104．

③ 苏州大学社会教育学院．峥嵘岁月（第三集）［M］．北京、上海、南京、苏州校会．1991：229．

④ 伍超．新闻学大纲·自序［M］．上海：商务印书馆，1925．

⑤ 任毕明，原名任大任，生于1904年，广东鹤山人。1925年在广西梧州创办《民国日报》，曾任《时报》《快报》主笔，主持过香港的《大众日报》。参与创办香港中华新闻学院，并任教。著作有《龙虎集》《风云集》《社会大学》《新社会大学》《战时新闻学》和《评论学十讲》等。

⑥ 赵君豪（1900—？）江苏兴化人。报人。“五四时期”求学于上海交通大学，经常给著名的《民国日报》副刊《觉悟》投稿，并与时任《觉悟》编辑的邵力子讨论种种社会改造问题。毕业后进入《申报》馆工作，抗战后任《申报》副总编辑。1929、1942年两度兼任复旦大学新闻系编辑教授；1930年兼任上海法政学院新闻专修科教授，讲授采访学；曾任《申报》新闻函授学校教授。1944年10月在重庆出版《上海报人的奋斗》。

续表

序号	姓名	是否留学及留学国家	从业经历	从教经历	著作
20	杜绍文[①]	无	杭州《民国日报》国际版编辑、《东南日报》《前线日报》主笔兼《新闻战线》周刊主编、《东南日报》总编辑、《文汇报》办公室主任	复旦大学新闻系	《新闻政策》《中国报人之路》《战时报学讲话》《国际新闻纵横谈》
21	胡道静[②]	无	《万有文库》编辑、上海通志馆编修、《通报》《中美日报》《大晚报》等报记者、编辑、撰稿人	上海法政学院新闻专修科	《上海新闻事业之史的发展》
22	张静庐	无	创办上海杂志公司并出任总经理		《中国的新闻记者与新闻纸》《中国近代出版史料》《中国现代出版史料》《中国出版史料》《在出版界二十年》
23	萨空了	无	《北京晚报》编辑记者、《世界日报》画刊编辑、《世界画报》总编辑、天津《大公报》艺术半月刊主编	民国学院新闻系、北京新闻专科学校	《科学的新闻学概论》

① 杜绍文（1909—？），又名杜超彬，广东澄海人。1927年入复旦大学中文学新闻组学习，1931年留校助教。后任杭州《民国日报》国际版编辑、资料室主任、浙江《东南日报》主笔。抗战期间主编浙江战时新闻学会会刊《战时记者》月刊，《国民日报》总编辑、社长；抗战胜利后任上海《前线日报》主笔兼《新闻战线》周刊主编。1946年至1951年间任复旦大学新闻系教授，1952年任上海《文汇报》记者、编委办公室主任。著有《新闻政策》《中国报人之路》《战时报学讲话》《国际新闻纵横谈》。

② 胡道静（1913—2003），安徽泾县人。1931年毕业于上海持志大学国语系。曾参加《万有文库》编辑和上海通志馆编修工作。“孤岛”时期坚守上海新闻界抗日宣传工作，任《通报》《中美日报》《大晚报》《密勒氏评论报》记者、编辑、撰稿人，同时在上海法政学院新闻专修科讲授新闻史课程，为共产党的抗日宣传培养新闻干部。1949年后历任中华书局上海编辑所编辑、上海人民出版社编审等。

续表

序号	姓名	是否留学及留学国家	从业经历	从教经历	著作
24	管照微[①]		复旦大学校刊编辑、1931年兼任上海新闻社记者	兰州大学经济系	编《新闻学论集》
25	项士元				
26	蒋国珍	疑为《中国新闻发达史》的译者而非著者[②]			
28	李公凡	不详			
27	鲁风	不详			
28	刘元钊	不详			

① 管照微，高中就读于上海立达学园，曾与王济深、刘仲达、唐旭之等先后组织了“时潮社”和“立达剧团”。后进入复旦大学新闻系学习，与伍梦窗、林楚君、向浦、徐之津等加入了复旦大学“左联”，并负责复旦大学的校刊编辑工作。1933年12月21日因宣传左翼思想被捕，后任教于兰州大学经济系。

② 虞文俊是东亚中国新闻史研究第一人。《中国新闻发达史》译者蒋国珍初考［J］. 新闻界，2015（15）.

表2　书目

序号	年份	书名	作者	备注
1	1903	新闻学	〔日〕松本君平 著	
2	1913	实用新闻学	〔美〕休曼著 史青译	
3	1919.12	新闻学	徐宝璜① 著	北京大学 新闻研究会讲稿
4	1922.11	应用新闻学	任白涛② 著	
5	1923.8	实际应用新闻学	邵振青 著	北京平民大学、 国立法政大学讲义
6	1924.4	新闻事业	徐宝璜 胡愈之 著	
7	1924.6	新闻学总论	邵飘萍 著	
8	1925.1	新闻学大纲	伍超 著	
9	1925.2	新闻学撮要	戈公振③ 编	
10	1927.9	中国新闻发达史	蒋国珍 著	
11	1927.11	中国报学史	戈公振 著	
12	1928.9	中国的新闻纸	张静庐 著	
13	1928.11	最新实验新闻学（上）	周孝庵 著	复旦大学新闻系
14	1928.11	最新实验新闻学（下）	周孝庵 著	复旦大学新闻系
15	1930.4	新闻事业经营法	吴定九 著	
16	1930.5	新闻概论	〔日〕杉村广太郎 著 王文萱 译	

① 徐宝璜，中国新闻学者、新闻教育家。1912年毕业于北京大学，后公费留美，于密歇根大学攻读经济学、新闻学。徐宝璜在美国密苏里大学受过系统的新闻学教育。

② 任白涛，笔名冷公、一碧，河南南阳人。1911年辛亥革命后，先后担任上海《民立报》《神州日报》《新闻报》驻河南特约通讯员，参加当地反袁活动。1916年留学日本，在早稻田大学攻读政治经济学，并加入了大日本新闻学会。

③ 戈公振所著的《中国报学史》最早由上海商务印书馆出版，是研究新闻学和我国新闻事业发展史的开山之作，国内外新闻界将之誉为中国首部新闻史学权威著作。任教上海国民大学期间，戈公振开始着手《中国报学史》一书的写作。在从事新闻工作之余，戈公振致力于新闻教育事业和新闻学研究工作，曾在上海国民大学、南方大学、大夏大学、复旦大学等校新闻系和杭州暑假报学讲习所讲授新闻学方面的课程，在新闻学研究上留下了许多著述。

续表

序号	年份	书名	作者	备注
17	1930.8	中国新闻事业（上）	黄天鹏[①] 著	
18	1930.8	中国新闻事业（下）	黄天鹏 著	
19	1930.8	新闻纸研究	〔日〕后藤武男 著 俞康德 译述	
20	1930.9	浙江新闻史（上）	项士元 编	
21	1930.9	浙江新闻史（下）	项士元 编	
22	1932.7	学校新闻讲话	袁殊 著	
23	1932.8	外人在华的新闻事业	赵敏恒 著	
24	1933.4	新闻学入门	黄天鹏 著	
25	1933.10	新闻学论集	管照微 编	复旦新闻学会丛书
26	1935	实用新闻学（上）	谢六逸[②] 编	申报新闻函授学校讲义之三
27	1935	实用新闻学（下）	谢六逸 编	申报新闻函授学校讲义之三
28	1934.1	新闻学	曹用先	
29	1934.2	新闻学概要	黄天鹏 编	复旦大学讲义、上海沪江大学新闻学专修科
30	1935	上海新闻事业之史的发展	胡道静 著	
31	1936.5	新闻学讲话	刘元钊 编著	

① 黄天鹏，字天鹏，别号天庐。1927年1月，他创办了我国首个新闻学刊（1929年扩改为《报学月刊》）并任主编；他是我国新闻学术史上最早研究新闻学之产生及发展史的学者，是我国具有新闻学术史观的第一人。他于1923年就读于北京平民大学报学系，1929年留学日本,修业新研究所,旋入早稻田大学新闻系。归国后出版了《新闻文学概论》《中国新闻事业》《新闻学入门》《新闻学概要》等十余本新闻学专著。

② 谢六逸，中国现代新闻教育事业的奠基者之一。著名的作家、翻译家、教授。1917年以公费生身份赴日就读于早稻田大学。1922年毕业归国，入商务印书馆工作。后历任神州女校教务主任及暨南大学、复旦大学、大夏大学教授。1930年任复旦大学中文系主任，并创设了后来闻名海内外的复旦大学新闻系，任主任。

续表

序号	年份	书名	作者	备注
32	1936	本国新闻事业	郭步陶 编著	申报新闻函授学校讲义十一
33	1936.6	新闻之理论与现象	张友渔 著	
34	1936.11	记者道	袁殊 著	
35	1937.7	现代新闻学概论	储玉坤 著	国民党政府唯一指定大学新闻理论教科书
36	1938.7	战时新闻学	任毕明 著	
37	1938.9	中国近代之报业（上）	赵君豪 著	
38	1938.9	中国近代之报业（下）	赵君豪 著	
39	1938.10	基础新闻学	李公凡 著	
40	1939.7	中国报人之路	杜绍文 著	
41	1940.4	新闻学	戈公振 著	1932 年完稿，另有 1947 年版
42	1941	新闻学的基础知识（上）	中美日报读讯会 编	中美日报读讯会实用新闻学讲义
43	1941	新闻学的基础知识（下）	中美日报读讯会 编	中美日报读讯会实用新闻学讲义
44	1941.7	综合新闻学 1	任白涛 著	
45	1941.7	综合新闻学 2	任白涛 著	
46	1941.7	综合新闻学 3	任白涛 著	
47	1944.9	新闻学	鲁风 著	新中国自修学院约稿
48	1946.6	科学的新闻学概论	萨空了 著	另有 1945.3 出版的署名艾秋飚的版本
49	1946.11	新闻史上的新时代	胡道静 著	
50	1947.12	新闻学的理论与实际	〔英〕斯蒂德 著 王季深 吴饮冰 译	上海文化函授学校读本

給讀者

當你們讀報的時候，有想到報是怎樣形成的麽？看劇的人，他們很少想到劇是怎樣構成的，這態度假如作為讀報以至對待一切事物的態度，結果，他連批判事物的資格都沒有。

養成自已批判事物的能力，是生活在現存社會的一個必要條件。因此，新聞學不獨是新聞者應該學習的學問，而是凡具有文化知識的人底必備知識。

在這認識與要求之下，我很久以前，便想寫一本關於現代新聞學的書，在創辦香港中華新聞學院的時候，在講授當中，我也曾完成了關於它的理論方法的大部份，在那里，我大胆地提出了「新聞戰鬥性」這一名詞，更重新決定了「新聞學是政治鬥爭的工具」的一個定義。一直到現在，更證實了我過去見解的正確性。為了這，我動機把過去的意見和新的材料草成了這本「戰時新聞學」的小冊子。

我對於社會科學的興味很濃厚，同時我也認定研究新聞學是研究社會科學必需的路徑。我創辦過新的報館四五家，主持過的報館也有八九家，當中戰鬥性最力的是香港大衆日報；由一九三四到一九三七這三年多的時光裏，我沒有一刻休息過。我從事於新聞事業的歷史有十四五年，一向是拿我上述的態度為工作的中心的。而這本小冊子，是根據過去的經驗而寫成的。

在一切工作都劃「抗戰」範疇的當前，新聞學當然要首先被提到的。不過，到現在似乎還沒有什麼成績，不但沒有什麼成績，新聞者的脚步實在跟不上抗戰的車輪，甚至還逗留在舊的陣地里，甚至走到相反的方向。

我想在這里提出我個人淺薄的見解，也許藉這淺薄的見解，可能引起讀者們對於這一問題的注視；一般文化工作者特別認為值得討論，由這而提出更可貴的方案。則我之區區熱誠，不會變成浪費吧。

中華民國廿七年五月卅一日於廣州

目次

第三章　建立我們的新文器

一、實踐前的理想

半殖民地的新聞事業——民族解放鬥爭的任務——理想中的新聞紙——理想中的新聞者

二、戰時新聞政策

什麽是新聞政策？——什麽是戰時新聞政策？——新聞政策的功能——怎樣去建立戰時新聞政策？——戰時新聞政策的實用

三、實踐中的常識和技術

現有毛病十一點——技術運用方法——對內的十二點——對外的四點——對敵的三點

四、三種法寶

地方報——壁報——號外

第一章　基本的認識

認識，是決定行爲的法則；某種的行爲，被支配於某種的認識。基本的認識，是主觀上對於應付某一對象問題所採取的態度的出發點。要判斷它的正確與否，則視乎它主觀的決定是否根據於客觀的條件。換言之，它的出發點是否根據於「正常生活的要求」。

即如在新聞學方面，便發生許多種的理論，因而發生許多種不同的方法，最顯著的，一種是非政治的，而一種却是政治的，他們恰恰是站在相反的地位。原因，就是爲了兩者基本認識的不同。——基本認識是大前提，行爲方法是結論。

我們此刻要談戰時新聞學，便得首先把這個大前提決定了，才好去決定一切。首先，我得說明「什麽是新聞學」？

一 什麼是新聞學？

「新聞學」，許多人替它下過定義，大概不外是「新聞學者，是研究新聞理論方法的學問也」這一類的說法。它顯然是犯着機械和含糊的毛病，而它決不會給予人們以一個正確的認識的。

「新聞學是一種政治鬥爭的工具」。這是我對於新聞學所持的一種見解。

從新聞事業的歷史發展去觀察：由古羅馬紀錄軍報的日錄，漢唐「宦海升沉錄」「起居注」式的邸報朝報，進而為無聊文人吟風弄月，發洩牢騷的玩意，再進而為市儈的生意經，漸漸變成為大衆所需要的生活資料。有人說：「報紙是人類的精神食糧」：法國人以牛奶麵包報紙為三種必要的生活資料；英國人認為「在十四歲畢業小學而入社會的英國人，有十分之八以上，此後只受着新聞智識的教育」。這是新聞事業在社會進化過程中的重要性，同時，也可以說明了新聞學進化的必然性。

人類是政治底不斷鬥爭的動物，社會是不斷鬥爭的場合，歷史是一部不斷階級鬥爭的紀錄。新聞學是和政治經濟哲學諸社會科學一樣的成立存在和發展的，它的根據，是社會的現實形態。因爲社會事物的發展，新聞的對象越發擴大，在這複雜廣大的社會中間，我們爲要達到我們鬥爭底目的，我們就必須從紛亂的事象里加以分析，決定，選取我們需要的條件，配合時代進化的需要，而負起一種報道，批判，領導社會鬥爭的使命。（所謂報告文學，它決不能沒有這些內容。）因此，新聞學是政治鬥爭的工具，乃爲歷史社會條件決定了它的。

明白了這，我們便可以去解答「什麼是戰時新聞學？」這一個問題。

戰時新聞學，正如戰時教育，戰時經濟，戰時政治等等根據於戰時社會的一切需要一切政策而成立的。戰時社會的正當生活要求，和戰時的一切政策，都是以戰爭勝利爲中心的，因而戰時新聞學，當然也以戰爭勝利爲中心的；同時，成爲戰爭的工具的。我們所指的戰爭，是反抗侵略而鬥爭的戰爭。反抗侵略而鬥爭的戰爭，才是人類「正當的生活要求」。所以，「戰時新聞學，是反抗侵略壓迫而鬥爭的戰爭的工具」。

二　新聞學的戰鬥性

一切的學理，它本身自有其戰鬥性，新聞學是一種積極的動的有機體的社會科學。因而它本身具有豐富的戰鬥性。它表現得最明顯的，就是防衛和攻擊的作用。新聞學的價值，是從時代的需要上面來估定它的。故它必須跟着時代而產生它的新價值。現代化的新聞學，在中國反抗侵略戰爭中，就是我們此刻所提出的「戰時新聞學」。——我這樣說，並不是說新聞學的價值，在於能夠跟着時代的屁股走！新聞學的哲學，是在於能夠推動時代，領導時代，創造新的時代！

在現階段反抗侵略戰爭中，固然有賴於軍事上的武器，但同時也有賴於政治上的文器。比方新聞宣傳，它的意義就是另一戰爭的方式。因此，新聞學就是戰爭中的有力的文化武器。我們要把這文器，成爲武器化的戰鬥工具。——這是新聞學戰鬥性的發揮。

要使這文器成爲武器化的戰鬥工具，它必須以强有力的姿態出現！它是戰鬥的，它在這大鬥爭的時代所負的主要任務，前面是攻敵，後面是防衞，中間呢，它很像是一個發號施令的機關。

從中國報學史的近階段看來，它有過這樣偉大的戰績：辛亥革命，有香港的中國日報，上海的蘇報，國民日報，警鐘，民立，民呼，民吁等報，東京的民報，復報等爲之作戰，民五討袁革命，有各黨各派所辦的如國民黨的民國日報，民意報，政學系的中華新報，研究系的時事新報，劉揆一的公民日報等等爲之作戰 五四運動，有社會主義者的新青年，和北京晨報的學燈，上海民國日報的覺悟等爲之作戰。民十五北伐，那時國內外的刊物，更如雨後春筍，作戰的隊伍更廣大了。我們不能否認在這幾次鬥爭中，新聞學者在無形的戰場上，掙下了不可磨滅的勳勞。這事實說明了新聞紙在政治鬥爭中的功用，並且說明了新聞紙本身的戰鬥性，也就顯示着新聞學本身的戰鬥性。

在平時，新聞學構成的質素，戰略和戰術，當然要佔有重要的部份。怎樣去爭

取讀者？怎樣去出奇制勝？怎樣去敵對反對派的理論和紀事？這些都是需要戰略戰術去解決的問題。新聞學必須具有充分解決這些問題的內容。

在戰時，新聞學尤其自然地不能不具着這重要部份的質素。新聞學不是超現實的東西，現實的砲火與血淚，嘈聲與亂影，自然地要一宗一件排成新聞紙上面一行一行的字，一句一句的句子，一幅一幅的圖畫，這一行一行的字，一句一句的句子，……將要使到新聞者負着陣中「參謀業務」；而新聞生活，無疑地是變相的戰場生活。此外，就是指揮着讀者像戰士般去作戰。沒有指示陣中參謀業務，不懂得戰場生活，沒有指揮作戰的方策的新聞學，它根本便不配稱現代的新聞學，尤其不配稱戰時新聞學。

那末，新聞學既具有這個特點——戰鬥性，我們應該怎樣去發揮它呢？

三　戰時新聞學和抗戰

現在正是中華民族反抗侵略戰爭的大時代，發揮我們新聞學的戰鬥性，是我們新聞者應有的天職。

「抗戰高於一切」，這是我們應該知道的；「一切服從抗戰」，這也是我們應該切實遵守的！在上面兩種基本的認識之下，去認識新聞者的抗戰是「全面抗戰」的一面，新聞者的動員，是「全體動員」的一部。換句話說，在「有力出力」人各有責的民族鬥爭任務之下，新聞學者應該站在其自己所應站的崗位！這樣說，似乎抽象了一點，最好拿出幾個較具體的原則：

爲甚麼要抗戰？我們必須有明確的政治觀念，去分析這一次抗戰之所以必然。如半殖民地反侵略革命的性質，民族革命的任務等等，必須澈底了解。這就是說，我們澈底了解這一次抗戰的意義才能夠了解「抗戰高於一切」的意義。

服從些甚麼？服從眞理！我們必須把握着正確的抗戰理論；正確的抗戰理論，就是我們底唯一領導者。眞理是從現實的正當要求而產生的，如大衆所公認的「抗戰的民族統一戰線」， 孫中山先生所主張民族解放的「民族主義」，民主自由的「民權主義」，改善人民生活的「民生主義」，和 蔣委員長所主張的「抗戰到底：」這都是抗戰現實的正當要求，都是抗戰的正確理論，我們必須穩固地把握，誠懇地服從！

怎樣活動？這裏僅僅指出活動的鵠的。我們的一切活動，絕對不能保留自由主義的作風，在統一戰線裏面，沒有個人的自由，在眞理之下，沒有私人的成見。我們要拿抗戰作爲活動的中心，拿眞理作爲活動的準繩，拿國策作爲活動的範疇，拿大衆的意見作爲活動的力量，拿侵略者作爲進攻的唯一目標。拿我們的文器作爲武器，筆槍墨砲向前衝。同時，拿我們的筆槍墨砲築成我們堅强的後方堡壘！

上述三者，第一是說明戰時新聞學的意義，第二是說明戰時新聞學的本質，第三是說明戰時新聞學的地位。這是我們應有的基本的認識。還有一點，我們要堅信在這認識下的必然發展的前途，這前途於我們一定是光輝的，必更比辛亥討袁五四北伐等時代的成功爲偉大。

第二章　過去時代的新聞學

一　生活思想和方法

新聞界的老先生們常常這樣驕傲：「新聞記者是無冕皇帝。」然而，林白水，邵飄萍，陳耿夫諸先生，爲什麽給軍閥輕輕抓鷄般送到另一世界去？其他的不必說了。原來這時代已經變了，變到皇帝不及庶人。在一般人的眼中，新聞記者，不過是一羣無賴無聊的文人而已。可不是嗎？左宗棠給朋友的信中有這麽的一句：「江浙無賴文人，以報館爲之末路。」

可是問題並不在乎這，而在乎記者先生們太過其「九重深居」「垂拱平章」的生活。有人說，「秀才不出門，能知天下事，」這在單純時代的社會里，也許有它一些兒的根據。然而，這是過去的時代了。過去的時代是過去了，於是那些老先生們也跟着過去了。

時代踏進了民主，新聞紙已不是一階級或少數人的專利品。（雖然近世新聞紙有成爲階級鬥爭的工具，但這是另一問題）換言之，新聞紙是大衆社會所同有的公器，它絕對不能離開大衆而存在。然而，那些抱殘守缺的先生及其遺少們，到此刻還是死守着他們的關門主義。

他們的花樣，正如老公事的只懂得「等因奉此」那一套，雖然他們有時也會投投機，又正如舊式公文裏面嵌上了幾個流行的新名詞，如過去不久的「訓政時期」，現在的「抗戰時期」等等，但我們不能因爲這樣，就承認他們已經做到了「公式革命」。同樣，我們不能當作守舊先生們已經接受了時代的洗禮。

這是我們所見到「過氣」新聞界老先生和自居遺少們的生活，思想，和方法，我們要整飭新聞界的陣容，不能不提出「打倒」的口號。

二　舊病的診斷

不須顯微鏡，隨便可以見到下面的種種，讓我們來一個不客氣的診斷。

反現實主義——其實他們並沒有什麼主義，他們只曉得「我們不談政治」。開宗明義第一筆，就是「本報並沒有黨派，沒有背景。」在表面看來，似乎是很堂皇正大的，可是這樣一來，不啻是表示着他們沒有一定的主張。假如你是有一定的主張，光明磊落的行爲，怕什麼人家說你是有黨派有背景？新聞紙而「不談政治」只好「今夕只談風月」了。大家已在公認，文學不能超現實；故進一步說，文學不能超政治。狹義的新聞學是文學，因此新聞學決不能超現實，尤其不能超政治！政治是最現實不過的東西，而新聞紙的唯一任務是把現實推動到進步的方向。他們不談政治，那末，他們的生活所在地當不是現社會而是名山和坟墓。

沒有立場——說來怪可憐，他們簡直不懂得「爲什麼而辦報」？「怎樣叫做辦報？」「辦報應該怎樣？」他們沒有一定的主張，沒有中心思想，因而沒有主觀上的立場。很可笑的，很久以前他們便製造一套「第三者態度」的大道理出來。所謂「第三者態度」，根本便是荒謬滑稽！事實擺在眼前，我們所被稱爲輿論領導，社會前鋒，先知先覺的新聞者，對於一個侵略與一個被侵略的事實之下，能夠站在第三者的地位麼？在整個中國民族被敵寇宰割之下，我們能夠做超人麼？當然不能！不能就不能成爲第三者了。因爲那被宰割者不是第三者而正是自己。自己被宰割，請敎要不要反抗？然而他們爲澈底執行他們的信條起見，對於這種事實，只有合着眼睛，袖着雙手，既不動容，更不動心而採取「第三者的態度」。他們是什麼？是喪心病狂！是漢奸！

一塌糊塗——你如果罵他是「一塌糊塗」，他會搬出「有聞必錄」那一個盾來抵擋。這一條絕妙的秘方，正不知那一位老祖宗發明傳授下來，一直到現在，還給他們奉爲至寶。在這條祕方之下，他們可以不負責任，不假思索，不問眞假是非，不計利害，而大錄特錄。敵人的宣傳新聞可以錄，造謠的消息可以錄，刻薄點說說，甚至罵他自己是漢奸也無不可以錄。不然，便算不得澈頭澈尾的「有聞必錄」主義。還有呢，同是一段新聞，一截是這樣說，另一截又是那樣說，他們不管三七二十一，只要添上「據另一消息」，或是「另一函云」，這樣便接在一起，不看猶可，看了只覺得莫名其妙。他們既沒有辨別的能力，叫讀者怎樣去辨別呢？

沒有常識——有人說他們是「無聊文人」，恐怕還是尊敬之詞吧？「文人」的「文」，極致地說來，它指的是天文，人文，地文，三者是宇宙的事象，博識宇宙的事象的人，才是文人。起碼，他應有起碼的常識，方得謂之文。可是，我們常常在報上發現許多笑話。就我所記起的，不久以前有一段新聞，標題是「亞里士多德來華講學，其徒孟德斯鳩亦同行」；震動世界的巨人魯迅先生逝世，廣州有幾家報紙，居然大標其「文學家周作人逝世」的題目；又有什麼「海圻兵艦巡弋惠州城」等等，可謂舉不勝舉。我們還是去讀「宋板康熙字典」「漢搨聖教序」吧。

夠了，他們的病症，當然不止這些，但僅僅這些，大可以供我們借鑑了。

三　市儈文化交易所

「新聞紙不是一種產業的經濟作用，社會上得着它報告消息，更決定社會全體對社會問題和政治問題的方針。」換言之，它絕對不是商品。可是不幸得很，新聞事業跟着資本主義的發展而陷入於資本主義的賊窩。不是嗎？現在大部份的報館，已經變爲「市儈文化交易所」了！這是當前應該設法解決的一個嚴重的問題。

把「文化」這一名詞安上市儈頭上，委實是有些不像相，其實他們那裏懂得什麼叫做文化?!請看：

商店化——因爲他們的新聞紙已經成爲商品化，當然他們的報館也就成爲商店化。他們經營的方式，大概不出於一般商業的條件，一般職業遵循的途徑。他們只曉得爲自己打算盤，算盤打得準，就算盡了自己的任務。在他們，開報館和開百貨公司是一樣，目的是在賺錢。

張三李四也行——在他們賺錢至上主義之下，只要有老招牌，便可以不問出品。在他們主持者的本身，固然恬不知恥地自加無冕皇帝的榮封，而另一方面，爲了剝削賸餘價值，同時也不懂得什麼叫做人才的關係，也隨便集合着一班不倫不類的人，給他們去負上訪員編輯的責任。他們不是已經儼然做了輿論的代表者，社會的領導者了麼？

沒有眼睛鼻子的——照理，落伍腐惡的事物，結果要在歷史的無情狂潮之下歸於淘汰的，可是，它在進化的過程中某一階段上還有它存在的最低限度的條件。我也曾這樣慨歎：「任你廣東有一個省政府，一個省黨部，有許多文化機關，更有不少的民衆運動工作團體和幹部，工作者，也儘管這些機關團體工作者怎樣去發施號令，努力宣傳，作文章，開演講會，辦刊物，但他們的效力，還不及××報在民間所發生作用十分之一。」這並不是誇大，實在××報的勢力分布在廣東民間的每一角落，每一落後民衆，深入而普遍化的活動，比任何文化力量來得大。這原因，固然由於新勢力之發展未能在客觀上積極做到，同時，百分之七八十的民衆還是落後，而這些××報之流便迎合落後民衆的心理而做它存在的基礎。我們要掃滅這個現象，不單要對××報之流加以打擊，必須根本地把落後民衆的眼睛掙開，把他們的鼻子打通，提高民衆的文化水準，這樣才能夠像「抵制仇貨」一樣地去抵制它。

毒菌橫飛——誰也不會反對「新聞紙是人類精神的食糧」這一句話，然而腐惡的新聞紙，却正是散滿着害人毒菌的食糧。他們如同販賣鴉片煙紅丸海洛英嗎啡的毒販。——這毒販的作惡，又是合法而公開的，他們不是正擺着堂皇的文化紳士面孔嗎？他們的社會新聞，小說，小品文中間，那一樣不是誨淫誨盜，和消沉民氣，提倡迷信，反科學，歪曲眞理的毒菌。但許多讀者，反覺得它那種毒菌是很合口味的。什麼浪漫史，什麼飛劍大俠，什麼尼庵春色，怪人怪事等等，眞個琳琅滿目，大得讀者歡迎。於是乎毒菌橫飛，風雲變色。

這些，都是所謂「無冕皇帝」的德政，這德政特別是廣州和香港之間表現得有聲有色，尤其是各地的小報，簡直是以這些爲最高政策。幸而，大時代的狂潮畢竟是有無比的力量，一部份已漸漸因爲進步讀者的需求轉變而相當轉變了。不過，他們還是處於被動的。在這全民族集中精神傾注抗戰一點的時候，如果仍任這種毒害的存在，簡直是自己對自己的消耗戰。我指出這些，原意是給我們新聞者一個反省。古語說得好，「有則改之，無則加勉」販賣毒品的人，他是犯罪的。

第三章　建立我們的新文器

建立抗戰的新文器，和建立抗戰的新武器，同屬一樣的重要。新聞學，是文器中的主要部份，而她所包含的，又是最廣泛的部門。因此，建立抗戰新聞力量，在此時是一宗急要的工作。許多人以爲新聞學只是新聞者應備的學問，其實是錯誤的。新聞學發展到現在，誠如上面指出，它已經成爲人類政治鬥爭的工具了。單就抗戰宣傳一點來說，它不止是普通的新聞紙，而且有壁報，有號外，有各式各樣的刊物，有報告文學，這些，都要在廣義的新聞學範圍裏面所包括的；它更不但有辦報的學問，還有讀報的學問：這都是新聞學所要解決的問題。我曾這樣說過，「現代人沒有新聞學常識，無以立，也無以言。」何況，在民族急劇的鬥爭中，每一個人都不能不懂得新聞政策?!

怎樣去建立我們的新文器呢？在文化各部門固各有其努力的途徑，而新聞學這一部門，却是我們努力途徑的要衝。

一　實踐前的理想

一個制度到了沒有可能正當存在的條件的時候，便會爆發革命，這是歷史必然的定律。新聞學進展到現時代，她之必須起來打倒無冕皇帝，重新建立新的戰士，這是我們對於新聞學應有的態度。

半殖民地的新聞事業——它正同半殖民地的一切過着兩重勢力的束縛壓迫的命運。因此，它必須跟隨半殖民地的民族解放鬥爭而鬥爭，這鬥爭也正同半殖民地各階層起來參加鬥爭一樣的性質，一樣的作用。它的一切，必須配合於民族解放鬥爭上面。

民族解放鬥爭的任務——它担當着很重大的分工。西諺說：「一條新聞，可抵十萬雄兵。」當一九一八年初，德國內部開始不支，美國極力宣傳，指出德國內部的食糧如何恐慌，政治如何混亂，又指出被虜的德國士兵生活如何快樂，如何被優待，再指出美國運到歐洲大陸的士兵已達九十萬，尚有十倍此數的兵力在動員中。結果動搖了德國的軍心，收到了巨大的效果。（例引紅綃君的關於戰時新聞）在對內宣傳方面，它是國民精神動員的發動機，勝利前途的指路碑。對政府領袖方面，它是一個很普遍的參政機關，又是一個經常的政治情報機關，和有力的策動機關。她更替前方訓育着廣大的後備軍，替後方推行着許多抗戰的政令。故抗戰中的新聞事業，已經離開了普通職業的意義，特殊地變爲十足戰時服務組織的意義了。

理想中的新聞紙——它必須充分地適合於上述的條件，才能去担當起這一個鬥爭的分工。

（一）有意的宣傳　（立場方面）

它必須根據國策爲有組織有計劃地去盡其宣傳的任務。

（二）誠懇，熱情　（態度方面）

它必須把小我化成大我，把國家社會的事情當作自己的事情。它是要多麼地循循善誘，多麼地思索提供好的方法。

（三）切實，簡明　（風格方面）

它必須集中主要點作切實的提供，極力避免不必要的浪費。如篇幅太多，材料過於冗雜，無謂新聞阻塞，廣告一塌糊塗，報容不清醒，沒有系統和中心思想，說空話等等，尤須力戒。

（四）通俗，有力　（方法方面）

它必須取得深入和煽動的效果。換句說，一分的工作，要求一分或超過一分的收穫。她必須以廣大羣衆爲對象，以發動廣大羣衆爲目的。

新聞紙的主要條件是「動人」，此時的新聞紙則以民族的利害來動人。它每一則消息，每一篇評論，一切一切，都包藏着動人的成分。同時，它不但要使到人「動」，並且要使到人明白「怎樣動」，還告訴人「動的勝利的必然結果」。

理想中的新聞者——那新聞紙的好不好，大部份要視乎那新聞紙的工作者。這正同產婦和嬰孩的關係一般。他們是：

（一）具備相當的資格　（根本條件一）

他必須具備所担任某類工作的學問，——常識和經驗。

(二)有清晰的頭腦　(基本條件二)

他必須澈底認識時代，理解社會，把握對象。更須明白，民族的利益，超過個人職業的利益。

(三)忠實，機警　(對工作)

他必須負責，感到工作的興味，不怕耐勞刻苦。他必須有靈敏的感覺，精密的思慮，靈活的運用。

(四)有活動的能力　(對外)

他必須和多方發生好的關係，以有利於本身的業務；同時要把自己成爲一個救亡工作的領導者，實踐者。

(五)不斷的自我訓練　(對己)

他必須常常站在社會的前頭。因此，他要常常整理經驗，補充新知。要能夠多想，多做，多學習。此外，還要注意鍛鍊成堅强的體魄。

特別是戰時新聞者，他如同整日夜置身戰場中，他是一個戰士，不是一個普通職業者，他的工作，就是戰爭的工作，也許要比單純的打仗還十倍艱苦。我們必須堅強主觀的力量去克服客觀的困難！

二　戰時新聞政策

國防的動員，是多方的，因此，國防力量的表現，也是多方的。把一切力量都成爲國防的力量，都集中到國防的範疇來，是國防總動員中間應有的作爲。像國防建設，國防文學，國防……等等，都次第出現在迫切需要國防的今日的中國。那末，新聞的力量，不能不說是一切力量中之一部份力量，國防新聞政策——戰時新聞政策，就是在國策之下而發揮國防的力量的一種政策。

什麽是新聞政策？首先，我們要明白什麽是「新聞政策」。它是要從新聞工作的表現上求達到理想中之某一目的。譬如，某一資本家爲求達到他事業興盛的目的，而運用新聞的力量去做他宣傳的工具，某一政黨爲求達到本黨政治勝利的目的，而運用新聞的力量去做鼓吹的工具，這樣便是新聞政策。可是新聞政策並不這樣簡單，它有如下的必要條件：普通所謂政策的必要條件，一，配合羣衆生活，針對敵對方而行動，二，有計劃有步驟，三，有理性。所謂配合羣衆生活，針對敵對方面行動，是就客觀環境而言；所謂有計劃有步驟有理性，是就主觀力量而言。這兩者具有連帶的關係。政策，根本不是一個單純的東西，它正同作戰計劃一樣的錯綜變化。它是因應鬥爭生活的一種技術，也是整個鬥爭生活的必然途徑。新聞政策是依據這條件而成立的。至於，一個政策，必有它的對象，新聞政策的對象是什麼呢？一個是被攻擊的敵人，一個是被爭取的羣衆，還有一個是中立的朋友。因此，我們要運用巧妙的方法，適宜的處置。在這當中，要深深操取「知己知彼」的武器，對敵明瞭虛實，對友看出利害，對內，我們決不能離開羣衆的生活基礎而成立，存在，發展，這是我要解釋「新聞政策」的大概。

什麼是戰時新聞政策？——簡單點說，「是把新聞政策配合到抗戰國策里去」。可是這樣說法還是不夠的，戰時新聞政策，是具有積極性，對敵性，統一性的新聞工作。它反對自由主義的競爭，它的一切和抗戰工作分不開的，不，它是整個抗戰的一部份，它是總動員的一個單位。這樣去解釋「戰時新聞政策」，是不會錯的。

新聞政策是新聞學的運用，戰時新聞政策，是戰時新聞學的運用。運用，也許解釋作爲手段，等於作戰的戰略。

新聞政策的功能——新聞不能沒有政策，一個有組織的國家，更不能沒有新聞政策。英國有路透社，美國有聯合社，合衆社，日本有同盟社，法國有哈瓦斯社，蘇聯有塔斯社，德國有海通社。這些，都是他們實現新聞政策的工具，是應付國際宣傳戰的利器。它所負的主要任務，是協助外交的推動。很明顯的，一九二八的「五三」濟南慘案，以至一九三一的「九一八」巨變，日本憑着它優越的國際宣傳，蒙蔽眞相，散播「中國爲一無組織的國家」等等讕言，結果使中國吃了大虧。對國內功能來說，目前各自由主義國家政黨的競爭，和法西斯國家的統制，這爲的是什麽呢？事實上，給他們證明了新聞政策是一種重要的戰略。我們鑒於過去國際宣傳戰的失敗，國內宣傳的缺乏，尤其要認識新聞政策的地位，更尤其要建立起有力的戰時新聞政策。

怎樣去建立戰時新聞政策？——戰時新聞政策是國家的，戰時新聞政策是公用事業，因此，主要的要建立如下兩原則：

一致性，

廣大性。

一致性就是聯合行動，使新聞政策成爲整個的力量；廣大性就是爭取廣大效能，使新聞政策的作用盡量發揮。換言之，這等於作戰的統一指揮，等於作戰的爭取勝利把握。要達到這兩大目的，我略爲提出幾個具體辦法。

一、統一全國（海外僑報在內）新聞團體組織，至少求步調一致。

二、以政府所定國策，（如最近臨全會議議決的抗戰建國綱領）爲公同遵守之最高原則。

三、各地新聞者組織政治研究機關。

四、政府對於新聞業者，須予以優遇便利，及切實保障其自由。須經常接近新聞者報告政府方針。——尤其軍事機關和新聞者要取得緊密關係。

五、政府資助全國新聞業者活動，如一，新聞業團體的經費，二，國內外有利於我抗戰消息之儘可能供給，三，協助發行推廣，四，獎勵等等。

六、由政府與新聞業團體，共同組織新聞政策研究機關，經常討論重要問題之宣傳對策，及解决方案。

七、設立完善新聞教育機關；推行新聞教育。

八、發展地方報，及廣設地方報。

九、施行新聞統制，明晰而安善地適用檢查制度。如：通訊社的管理，記者資格的審查，無聊報紙的禁止，內容的限制，國外輸入報誌的檢查等等。

十、向各國出版界和在我國內的出版事業採得密切連絡。

十一、設辦完善的國際通訊機關和外國文報誌。

十二、督促鼓勵國人看報。

這十二項，是我原則地提出的。這里稍爲解釋幾點：

在戰時，社會的一切組織，無論軍事政治經濟文化，必須使過去的多方面歸到同一的機構，以收統一集中簡單合理之效，並且減去無謂的浪費和不必要的摩擦。這是我提出第一項的理由。

自抗戰發動以來，中國政府已經負起領導全國抗戰的責任，已經足以代表全國的民意，所以我們必須誠懇的擁護，以鞏固抗戰的中心領導。這是我提出第二項的理由。

誰也不能反對「新聞事業是負有政治上的任務」這一結論，怎樣去完成這一任務，和怎樣去加强新聞者的認識和能力，怎樣溝通各人的意見，而且怎樣去求工作步調的一致，除了有統一組織之外，必須有動的經常研究機關。如座談會討論會等。這是我提出第三項的理由。

一方面此時新聞事業已成爲政府政策推行工作的一種工具，故它已等於政府的宣傳部；一方面政府的設置，究嫌力有未及，且很難獲得廣遍；另一方面，因爲感受政府的幫助，新聞業者必然樂得於擁護政府，努力工作。爲收官民合作，相輔相成之效起見，由政府對於新聞業者的幫助，必可事半功倍。——事實上，政府所辦的機關報，它的力量尚不及民間所辦的報，這是一個很好的例子。這是我提出第四第五項的理由。

在戰時，政府和民意必須打成一片，這自然有許多方法去實現，例如國民參政會之類的組織，或許來一個國民代表大會的會議。但我以爲政府的意見通過新聞紙而達到民衆，民衆的意見，通過新聞紙而達到政府，也是一個有效的方法。同時，政府爲了政策的所在，新聞者爲了工作的便利，假如得到一個經常兩方的交接機會，必然省去很多麻煩，而於事功，也感到不少好處。這是我提出第六項的理由。

中國新聞事業的落後，固然有很多的原因，而政府向來不注意新聞教育，却是大原因之一。新聞教育，爲近世人類應付政治社會的學問，每一個前進的公民都應該受到的。況且，現有的新聞人才，實不足以担當起現代新聞事業的責任。養成普遍民衆的新聞知識，訓練新聞業的幹部人才，這時候是一個政府重要的設施。這是我提出第七項的理由。

大規模的全面戰爭，到長期戰爭，新聞事業集中的都市，必然首先變爲戰爭的前方，而新聞紙賴以透達的交通線，又必然感到許多困難。發展和廣設地方報，既可以補救這兩個缺憾，同時又可以激刺起地方文化，推行地方政治，引發地方人讀報的興趣。這是我提出第八項的理由。

在戰時，一切屬於整個國策的活動而活動，即上述所謂「集中」「同一步調」是。但它的原則，是「民族抗戰勝利至上權威」，並不是政府至上權威。拿這權威去限制範圍那些有礙於民族抗戰勝利的一切活動，是絕對應該的。如幼稚的，無意的，以至反作用等等錯誤，決不能放任它自由發展。這正同對於每一工作者之糾正監察一樣的意義，誰也不能懷疑，不能反對的。這是我提出第九點的理由。

國際宣傳的重要，尤其是戰時，這是大家所公認的事實。歐戰時，德大將魯登道夫曾公開承認：「德國之失敗，由於宣傳力之不足。」英國某記者也說：「宣傳與砲火並重。」這是我提出第十第十一項的理由。

有人調查蘇聯當歐戰前報紙僅有八百五十九種，每日銷數三百五十萬份，最近已有五千六百種，銷數達三千五百萬份，單眞理報，每日銷數三百六十萬份。（現在不止此數）美國報王海爾斯系報紙銷額，單在紐約已爲三百二十萬份。其他不必多舉，就是我們敵國，如東京大阪朝日新聞，東京日日，大阪每日，時事新報等，每日銷數都在百萬份以上。返看我國，人口佔全世界第一，但說也可怪，據戰前調查，合計全國銷數，大小報最多不過二百萬份，大報銷數每日過十萬份者，只有申報新聞報一兩家，在現時，更非大打折扣不可。不看報的人，自然是不關心國事的人，那末，叫他何從喚起民族意識，何從參加抗戰呢？我們的同胞，像這類的，恐怕佔十分之六七以上。故如鄉村間由智識者組織講讀報會，廣設地方上的閱報室，多給民衆以看報的機會，這又是當前切要的工作。這是我提出第十二項的理由。

其中關於地方報，記者任用，新聞統制，新聞者統一戰線諸項問題，比較重要，我還想在下面從長計議。

——此節參用拙著國防的新聞政策。

戰時新聞政策的實用——總括上述，可以分開消極積極兩方面來說。

消極方面：排擊敵對的勢力。敵對勢力可分爲三種，其一爲敵人在國際間作不利於我的宣傳，我們應作有力的反攻。其二爲國際間對我的誤解，我們應設法消弭。其三爲國內漢奸理論，我們應以正確的理論粉碎它。

積極方面：對外爭取國際同情，對敵國內爭取反侵略的大衆，對內爭取廣大羣衆的抗戰力量。如强調「抗戰到底」主張；指出敵人弱點，給予大衆「最後勝利」的信心；提出正確理論，具體方法；介紹戰時常識；散播有利情報等等，以盡其報道，指示，教育大衆的責任。又根據各階層生活環境，智識程度，以各種便利深入方式宣傳，如通俗文字，方言，圖片，歌曲等等。

三　實踐中的常識和技術

新聞紙不是粉筆寫黑板，錯了馬上可以改正，因此每一字一句都應出諸慎重。不然，等到出了岔子，補救已遲，影響更大。故新聞業者對於常識，是一個起碼的條件。有了常識，才會判斷，才會選擇，卽才會愼重。

新聞政策，儘管怎樣好，但它究竟是一些死的條文，抽象的原則，要怎樣才能夠使到政策活動？要怎樣才能夠使到政策具體化？這完全在乎技術的運用。

現在，我稍爲舉出當前毛病的一些實例：

公式化——現在我們發現許多新聞文字，有類於過去之八股，最流行的算是：

(一)敵軍×隊，有向我××進犯模樣，我已有「充分準備，必不得逞。」

(二)敵機×架，襲擊×地，投彈數十枚，「均未命中，」無損失。」

所謂「充分準備，必不得逞」或「敵如進犯，必被殲滅」等等字樣，是絕對肯定的語氣。肯定是要靠事實的，在未有事實以前，無謂的吹牛，必招後悔，一時的虛僞，終歸破綻。

以敵機投彈數十枚，卽敵機師技術如何低劣，也決無一點「無損失」之理。就彈投到河中去吧，死了幾條魚，或者投到空地去吧，地面炸了幾個窟窿，何不照事實寫上，因為這些的確是「損失」呀！這樣寫法，倒可以眞的表示「我無損失」。當筆者五月十七那天在肇慶親見敵機投了二十四枚彈，事後各報都照例說：「我無損失」，但以筆者親見，空地上開了十多個窟窿，樹木倒折了幾株，河裏死了幾條大魚。如果照實向讀者報告，也許較得到讀者的信心。（但敘述這類消息，要注意不可供敵人參考）

倚賴性——一些不長進的同胞們，每每癡望着某國某國來出兵幫助我們打日本，這心理是要不得的！可是，以領導地位的新聞者却常有鼓勵着這種心理的嫌疑。例如：

當敵人散播着進攻華南的空氣之際，廣州報紙，有不少大標着這樣之類的題目——

「敵如進犯華南，英國政府必出而干涉。」

廈門失陷後，有些報紙竟大吹英國派大兵到香港，準備和日本開戰。

這用意是在安定華南人心，殊不知這樣一來，就把華南變成了英國的保護地，而同時暗示着我們沒有自己保衞華南的力量。又不久以前，全國許多報紙鼓吹着蘇聯出兵由「滿」蒙邊境助我的消息，鬧得像煞有介事，許多人跟着也這樣的互相詢問。而其實，這空氣是由於敵人和托派所散播的，他們的作用，是在引起國際的異視，好去證實敵人進攻中國為的是防共的宣傳。不好的影響當然不少，而加深國人的倚賴心理，却是很值得注意的。

又如最近廈門失陷，難民麕聚鼓浪嶼，各友邦運米藥救濟。友邦這種熱情，是值得我們深感的。但中國的報紙却只知極力讚揚友邦盛舉，而忘記了指出廈門同胞事前的苟安因循，致召此禍，同時，不藉此警告各地國人，引為殷鑑，這是新聞者的不盡責。

神怪性——許多落後的羣衆，他們甚至有認為這次戰爭的遭遇，是「天註定」，「刼數難逃」的，因而一切諉諸「命運」，並且愚夫愚婦們不少在求神拜佛，希望得到庇佑。據說不久之前，台山愚民們把黑狗斬首，豎在屋頂，謂可以避敵機轟炸；廣州河南蒙聖分局內之觀音廟有許多婦人焚燒紙紮飛機高射砲稟請觀音菩薩去殺敵，那才是笑天下之大話。最可惜，新聞者還是一樣地去發揚蹈厲，例如：

當廣州寶華路大利工廠被炸後，就有這樣的神話新聞：

(一)有一女工在工廠中假寐，夢見家裏大火，卽刻離廠回家，甫離廠，大利卽被炸。

(二)大利災場側，路人每夜都見有一老人在此，見人輒告以「快買米」。

第一個例是告訴讀者「死生有命」；第二個例，無異說，「大難將臨，鬼神先知，」並且帶有嚴重的恐嚇性。

誇張敵力——目前國人們總有一種這樣的觀念，以爲敵兵的作戰能力一定要比我兵强，這是失敗主義，報紙也常常有着鼓吹失敗主義的嫌疑。如：

×地敵駐軍×百，(或敵軍已派軍×百增援)我軍正與之激戰中。(甚至說，我軍大部，或我已配置重兵，向之殲滅)

以僅僅×百少數之敵軍，而和我軍甚至「大部」「重兵」多數「激戰」，豈不是把敵兵的力量誇張到數倍以至十百倍？

自欺欺人——讀報的人，有一個慣例是不相信政府公布的消息，同時，智識者他們也會把新聞的內容仔細推敲。這原因，乃由於過去官方所發表的消息，間多言過其實，不近情理。即如內戰時代，不曰某役殲敵數千數萬，俘虜若干，奪獲輜重若干，即曰昨日攻入某地，今日攻佔某要區，滿紙勝利消息，大有「戰無不勝，攻無不克」之慨，然究其實，則正不止未必盡然。驪山烽火故事，它告訴人們，下次就算是真的，也再不會相信，這豈不大大僨事？例如報紙常見的：

（一）明明是敵人有計劃的進攻某點，而報上却說，「向×地亂竄。」「亂竄」兩字，可謂深得「文字國」咬文嚼字之妙。

（二）明明是敵人有計劃有目的地採取騷擾政策，而報上却載着：

敵艦×艘，在×處亂開砲轟擊，漫無目的目標，旋自知無聊，相率退去。

敵機×架，飛×處無目標投彈，以無所獲，相率向×處竄去。

（三）明明是敵人舉動是有用意的，而他們却慣說「用意不明」，這是糊塗呢？

還是裝傻？

這是阿Q精神，這簡直是當敵人是小孩子。

爲敵卸罪——敵人對我，是有他必然的暴行，初不因我之抵抗和不抵抗而變更或輕重他的暴行。然而糊塗的報紙，却妄揣着敵人的心理，以爲他整個的暴行，屬於一時的少數人的喜怒感情。例如報上每每見着這樣的紀載：

(一)敵老羞成怒，亂肆轟炸，(或亂肆轟擊)以圖洩憤。

(二)台莊敵失敗後，敵狂炸各地，以圖報復。

拿「洩憤」和「報復」的理由，作爲敵人當然暴行的辯護。反過來說，如果我們不給予敵人一個厲害，敵人便不會「亂肆轟炸」了。這是很不妥當的。

恐嚇的暗示——鼓勵民衆在可能內自動抗敵，是我們宣傳者的責任。當然，敵人爲了極力鎭壓我民衆抵抗之故，而施用種種毒辣的手段，可是，我們只能把敵人這種種毒辣手段，作爲挑起民衆對敵加深憤慨的資料，不應帶上一點恐嚇的暗示。例如：

(一)三灶島壯丁夜襲敵營後，敵連日派機轟炸大小淋島乾霧等地，並拘捕島內壯丁槍斃，以爲報復。

(二)×地游擊隊截擊敵軍，敵軍乃將附近各村莊焚燬，並捕殺壯丁。

(三)梅縣擊落敵機兩架後，敵機連日飛梅轟炸。

(四)粵北江某處鄉民因見敵機低飛，用步槍向之射擊，爲敵機發覺，開機槍向下掃射，開槍鄉民當被擊斃。

這種新聞，無異暗示民衆不要惹禍上身，無怪乎一般愚民 謹遵「我不犯人，人不犯我」之誡了。

滅自己的威風——自抗戰發動以來，我忠勇將士的發揮自衛神威，爲萬古不可磨滅之事實，我們應該如何地表揚，以激勵有功，堅强民族的自信心和自尊心，發揚民族的光榮精神。可惜，有些記者們計不及此。例如炸沉敵主力艦陸奥和台兒莊之役，各報紀載：

(一)在敵機隊任事之意籍機師，前曾任我國空軍教官，向我投效，將敵艦秘密暗號向我報告，故當我機隊向之轟炸時，敵艦無備，乃獲成功。

(二)據一外人消息：德顧問法漢賀山氏在隴海路前線，指揮華軍，其權力等於一方面之軍事長官，長江以北之日軍，則由著名軍略家後宮中將指揮。

這樣紀載，試問置我忠勇空軍和前線指揮長官的光榮於何地？並且，故意把後宮捧成為一個了不可當的人物，又是用意何在？

還有，敵人常常發佈什麼「準備進攻某地」，或「決定新戰略」等等空氣，他的作用，或是聲東擊西，或是另有企圖，但我們的報紙，却替他大事鼓吹，安上「敵揚言……」之類的標題，以為得計，實則中計。

措詞不當——很容易被人忽視的，是似乎沒有問題的詞句。但這些却是很有問題的，現在試舉出幾種：

(一)稱我軍為「華軍」。(大概由於採用外訊，而不註明來源)這在第三者地位的外人是可以的，但他自己，則是什麼國人呢？

(二)對我軍稱呼不統一。什麼為「中央軍」，「某省軍」，「某部」，不是太有「分化」的嫌疑麽？

（三）「無辜民衆」，「無辜」兩個字的解釋是「沒有罪」，如果軍閥官僚殘虐民衆，說是「殘殺無辜民衆」，或「虐待無辜民衆」，可以挑起大衆的憤恨。可是在敵人殘殺之下，有什麽無辜有辜之分？並且，誰是「有辜」？誰是該被敵人殘殺？只要一想，便覺得這樣的用字是很値得商榷了。

（四）相當的諱敗，是應該的，但如果每一次的退守，都用「我軍轉換新陣地」的字樣，多次了，使讀者一見到這樣的字樣，便知道我軍打敗仗，就是連眞的「轉換新陣地」，也不會相信了。

（五）最笑話的，不久之前，在香港某報上發現一個新創的名詞，這名詞是「日奸」。他很聰明地把這個名詞加上日本國內反戰和破壞日軍閥的工作者的頭上。他的理由是，中國人替敵人作助的是「漢奸」，日本人間接替中國作助的，當然是「日奸」了。

（六）肅淸「漢奸」，在戰時是一種重要的工作。但我以爲隨便濫用「漢奸」名詞，和多量發表漢奸消息，大足表示中華民族人格的墮落，對外宣傳，會得到不良的影響，並且會引起社會的不安。關於這點，報紙一直到現在，似乎尚未注意到。

（七）不知道「抗議」兩字是不是有點兒時髦？從報上總見到許多什麼「抗議敵炸湘大」，「抗議敵炸厦大」，「抗議敵摧毀我文化機關」，「抗議敵使用毒氣」等等。這「抗議」兩字如出自外國人，是可以的，但如果是出自中國人，那末，敵人不會因此而停止他的暴行。對世界抗議嗎？這是無效的。我們唯一的辦法祇有把敵人的暴行公布世界，以喚起世界對我的同情及援助，這也無所謂抗議。我們現在只有「以牙還牙」，以拚命來報答敵人的暴行，抗議這宗把戲，只有留待打倒敵人後再搬出來。

無意破綻——宣傳像講話一樣要首尾相顧，過去那樣說，現在又那樣說，則現在所說的必然取消過去所說，不，連現在未來的都被取消完了，這是應該注意的一點。一事的敗，往往敗於不經心的小地方，像英國在歐戰的時候，她有多少兵在戰場，德國人是沒法得到詳確數目的。不料傷兵運到後方後，政府爲了安定人心起見，公布說出傷兵的數目，只等於前線軍隊百分之××，這樣一來，德國敏銳的偵察，便很清楚地推算出來了。這又是應該注意的一點。還有，敵人宣傳，無孔不入，他往往借第三者作他宣傳的利用，我們如果以爲第三者所發出的消息比較可靠，就很容易上了他的大當。關於這類，舉例如下：

(一)在敵人攻入某地的時候，報上說敵人將某地民衆殘殺淨絕，或民衆逃走一空，但在我軍克復同一某地的時候，却又大書特書該地民衆熱烈歡迎我軍。假如讀者把前後一對照，又何止發生「矛盾」之感呢？

(二)比方敵機轟炸×地機場，報上如果紀載彈落在離機庫或油庫若干距離，本來用意在聲明機場要點未被命中，但無意中已對敵人執行了情報任務。又比方報上往往發表前方歸來重要將官的談話，不啻告訴敵人以我軍事人員之行蹤，更可以推測前線等情形。又我們往往見到報上的戰地通訊，或圖片，將戰區內各種情形，如數家珍，圖片則註明「記者與某軍事長官攝於

×地」，或雖不註明×地，而圖片中則表示着某地的特徵。最要命的，報上對於敵機轟炸消息，大開清單，表示詳細。這些，都是對敵公開的告密，給敵人以偵查推究的很好機會，很好材料。

(三)像上述蘇聯出兵外蒙，和意籍機師指示轟炸陸奧艦，德顧問指揮隴海前線軍事等等消息，都是由外國通訊社所傳出的消息，中國記者不加審察，遽爲刊載，無形中執行了敵人的新聞政策。

昧於實用——抗戰新聞政策，要和抗戰政策相配合，這是誰也知道的。不過，抗戰政策只是一個大原則，它包含的戰略戰術，我們必須明瞭它的最近趨向，才可得到眞實的配合。譬如我軍現階段所採的是運動戰消耗戰，在這種戰略之下，不必斤斤於一地之得失，但我們常常還見着什麼「我軍誓死堅守，敵必不得逞。」的宣傳，這顯然是相反的。故我們必須從新發現中隨時求得配合的所在。

(上引例子，中有數則是參考曼支君的文化人的常識一文。所引例子太普遍了，故不註明出處時日。)

上面所指出的，僅僅是一時所想到，希望負責的朋友們迅速加以改正！去年九月間某德國記者在柏林日報上發表的上海通訊，中有云：「看到中國官方所發表的戰時新聞，許多地方，只要在歐戰時期稍爲有些軍事常識的人，總會覺得非搖頭不可。」幸而，中國的戰時新聞，漸漸地跟着抗戰的進步而趨於進步了。從最近所見到的，如：

（一）徐州失陷之前，報上事先已極力說明徐州之得失，不成戰事之重要問題。徐州失陷時，報上又以「我軍奉令退出徐州」字樣出之。徐州失陷後，報上又極力渲染徐郊戰事。同時，對於晉浙石莊等勝利消息大事宣揚。這樣，一，可以打破一般人認徐州之戰爲敵我最後決戰之觀念打破；二，可以表明我軍之放棄徐州，最少是保存主力；三，可以說明我軍退出徐州後，仍繼續在該地抗戰；四，可在多方勝利消息之下，掩蔽了徐州淪陷的嚴重性。

（二）我機隊於「五一九」晚飛敵國內地散發傳單，並未施行轟炸。據我方謂不忍傷殘非戰鬥的日本民衆，這當然是我國的本意。但難保敵人不謂我機隊之所以不施轟炸者，因爲我們的重轟炸機不能飛達他們上空，以欺騙日本民衆；也難保我們同胞沒有這樣想法。但我們報上却特別提明我飛日機隊爲「重轟炸機八架」，因爲有了這樣的提明，才可以更加證實我機隊非不能施行轟炸，實不願意隨便施行轟炸罷了這一要點。

從這看來，我國戰時新聞政策，已逐漸得到正確的運用了。現在我更提出一些技術的運用方法，作爲工作的參考。

以下是技術的運用方法種種：

對內的　（目的在使全國擁護抗戰政策，參加抗戰不怕犧牲。）

（一）强固抗戰的信念——一般民衆是怕戰爭，討厭戰爭的，我們要告訴他們這次戰爭，是敵人發動的，不抗戰則束手亡國滅種。我們要多多的說明亡國後的痛苦。

（二）強調必勝的信念——用種種的方法來證明我必勝敵必敗的結果。最好是拿敵我優劣強弱點來作比較。如敵國內在的恐慌，前線敵軍的厭戰等等新聞，應儘量披露。

（三）提出特殊具體的目的——根據某一部份人特殊的需要，不同的利害，去說明戰爭的目的是爲他們自己的。固然，在整個民族利益之下，我們要極力避免黨派階級的痕迹，但在一個敵人目標之下，大可以從各人的生活環境和心理趨向方面適用我們的宣傳技術的。例如對農人說：「這次抗戰爲的是保障你們的廬墓田產，和解除你們歷年來的痛苦。」對資產者說：「……爲的是保障你們的財產。」對婦女說：「……爲的是保障你們不受獸兵汚辱。」無論對那一階層老幼，那一種思想信仰的人，都可以特別提到他們的切身利害上面。例如太虛法師談話：「佛教是以慈悲救世爲宗旨，故必須反對那嗜殺的魔王」（大意如此）這是對佛教信仰的人一種很有力的宣傳。如果我們不能專對某一種人辦某一種報的話，那我們的報紙，必須各方面都要顧到。

（四）激動仇恨敵人心理——這最好多多揭載敵人對我的兇暴，和淪陷敵手區域同胞的悲慘事實，使大衆都深印着敵人是野蠻的，殘暴的，可恨的的形狀。例如十字軍出征前，對基督教國人民宣傳亞拉伯人如何殘酷得可怕。在歐戰時，協約國宣傳德國軍隊把比國的嬰孩的手脚砍下來助興；還用協約國軍隊人民的死屍來作肥皂，和如何虐待俘虜。這一來，可以促發同仇敵愾，並且，永遠不會相信敵人的鬼話。

（五）利用第三者之口——第三者講話，是比較容易取信的。因此，轉載有利於我的外國記者通訊或請外人談話，甚至本來是自己發出的消息，有時可以假託于外人的筆下，這是很有效力的，但不可濫，濫則會使人失信。

（六）不肯定的肯定——說話過分的時候，雖然得到一時興奮之效，但要提防超過了事實的時候，便會陷於無可挽救的地步。像「一二八」的時候，鹽澤誇口「於四小時內佔領上海」，結果至於驕敗。預作「肯定」的語氣，好的作用在於給予己方信心和振奮士氣民氣，故在有條件之下可以利用的。例如歐戰時英首相路易喬治在一九一六年說：「英國在一九一四年宣戰，一九一五年開仗，一九一六年加緊戰事工作，一九一七年得到最後勝利」。但也跟着說：「直等到我們達到最後目的時，我們方才休戰。」比方我們說：「敵人如果進犯華南，必然失敗！」但跟着我們必須加上一條件，「但我們必須加強華南自衛力量。」這麼一來，這一個肯定才不致變成爲一個神秘的預言。

（七）失敗不使失望——失敗的眞實消息，不妨相當的忠實發表，但原則須給人以有覺得「失敗乃兵家常事」的觀念。即是說，使人感到這一失敗是暫時的，無關全局的。同時，當發表某一失敗消息的時候，必須同時有另一勝利消息在掩蓋它，至少使兩方足相抵償。（但發表失敗消息，不能詳細，以免給敵人明瞭我方軍機）

（八）指出敵人的毒計——敵人對我的舉動，都是有計劃的，我們不應籠統地以

「無聊」「無目標」等字樣告訴讀者。而應該指明敵人毒計之所在，給讀者一個明顯的認識或推想，像敵人之侵佔廈門，目的在騷擾華南，聲援隴海線的失敗，更進一步試探英國態度。據說敵機轟炸廣東糖廠以後，敵糖大批改裝偷運入境。卽此說尙非事實，但敵人之存心破壞我國生產事業，打擊我國經濟命脈，則爲必然之毒策。卽如此類，我們必須明白指出。

（九）指示工作的途徑——報紙不特要盡其報道的責任，同時要盡其指示的責任，譬如，當我們刊載難民消息的時候，應指示怎樣才不會變成難民？怎樣救濟難民？當我們刊載各地民衆游擊隊攻敵消息的時候，應指示爲什麼民衆要參加游擊戰？怎樣組織游擊隊？總之，根據實，提出種種實際方案，使讀者於接近我們宣傳之後，繼之獲得行動的途徑，我們的任務，才算完成。

（十）闡發抗戰國策——國策所在，許多人也許尙不明白，有待於我們闡明之必要。如最近的抗戰建國綱領，和政府對於抗戰的政令，徵兵，徵工，募傳，武裝自衞等要舉，我們應剴切說明。對於政府所頒發特殊事件的宣大綱等，也應採取同一態度。

(十一)讚揚戰跡——這一面在於鼓勵前方戰士，而一面則在振奮後方民衆。這一點，應儘量描寫前線長官的指揮若定，戰士的英勇壯烈事跡，敵人的怯弱厭戰，戰區民衆的踴躍助戰情形。但千萬不要帶有神祕色彩，如舊小說中的「若有神助」，和什麼「冤魂索命」「×神顯聖」等等鬼話連篇，轉掩沒了英勇戰鬥的精神，和戰略戰術上之勝算，和敵人的弱點。我們要清楚地告訴民衆們以致勝的眞確理由。

(十二)鼓勵報效——「要怎樣才能夠使大衆實踐「有錢出錢，有力出力」這一個口號？最好，我們的報上常常刊載出錢出力者消息，而予以榮譽的讚美。另以暗示方法，描述敵人如何地刦掠搾取淪陷區民衆的財物，戰區的財產如何地化爲烏有，敵人如何地屠殺我壯丁，鞭策我壯丁做苦工，驅我壯丁作砲灰等等事實。

對外的（目的在爭取國際贊助，同情，或中立）

（一）以利害——普遍地强調宣傳田中奏摺中的「欲征服世界，必先征服支那。」更以國別的特殊關係爲游說式的打動某一國，如敵佔領廣東沿海小島爲對於香港的威脅，並且爲準備對英作戰搶奪香港的根據，即其一例。並且，我們應從數字上事實上指出某一國因爲日本侵華所蒙的損失，如貿易的減退，僑民生命事業財產的被摧殘；我們更指出這是出於敵人的蓄謀，並非無意波及。像英大使許閣森事件，巴納事件等等，當竭力擴大。

（二）動以情感——當歐戰的時候，協約國極力向美國宣傳德軍的殘暴，比利時孤兒寡婦如何的悲慘，而引起愛好和平仁慈的美國人惻然動念，促成政府之參加對德戰爭，這是一例。「一二八」的時候，美青年飛行家蕭特仗義參加我國抗戰殉難，消息發表出去，大博得各國同情。故凡外國朋友來參加我國抗戰者，應大書特書，又是一例。其次，多請居留在我國之同情於我抗戰的外僑，發表言論，這也是一個辦法。此外，就是傳播敵人的種種暴行，和破壞國際和平的事實，我軍民的英勇行動，使他對我認識清楚。

(三)鮮明態度——第一我們要堅決表示我們「抗戰到底」的決心，非達到「最後勝利」決不言和！第二我們誠切表示我們只有「一個敵人」，這敵人就是「日本軍閥」！我們更聲明，凡幫助我們敵人侵略我國者，我們將不得已以不友好的方法對付。

(四)爭取社會中堅及民衆——在不能直接得到某一國政府贊助同情的時候，我們必須極力爭取他們的中堅分子和民衆，造成輿論空氣，以收間接之效，如各國民衆之自動抵制日貨運動，組織中國之友會，反日侵華會，和平會等等，我們必須視爲重大意義。歐戰時英宣傳家派克爵士(Darker)担任對美宣傳工作，他就是利用美國報紙發表他的文章消息，也常常請美國的名人發表談話，如大學校長，教授，實業家，聞人等。就是很好的取法。就意德來說，她們本來是日寇的友邦，但我們還要艱苦地去爭取他們的分子。這就是說，暴露德意法西斯的罪行而爭取德意民衆對我的援助是必要的。

對敵的　（目的在動搖敵國人民和前線敵軍對政府之信仰）

（一）爭取人民——我們不能籠統地罵盡日本，因爲日本是屬於全日本人民的，日本人中也有許多明達，更有不少反戰厭戰的民衆，我們不能一起看作死敵。美國參加歐戰對德的時候，威爾遜總統曾屢次聲明：「我們的敵人不是德國人民，而乃是德國軍閥。我們是幫助德國的良民來打倒搾取及壓迫他們的政府。」因此，我們當向敵國的人民指出他們政府的罪惡，因侵略戰爭所加於人民的痛苦，把他們的公憤公恨移到他們的政府或某一部份人身上。同時，我們要針對敵人欺騙民衆的宣傳來一個粉碎，如什麼中國軍隊是「鬼畜」，是「不堪一擊」，「戰爭短期內結束」等等，我們明白懇切地告訴他們，中國軍隊的仁慈，中國軍隊的英勇，中國的抗戰國策，同時，中國人並沒和日本人生成寃仇。並且，告訴他們日本軍閥黷武侵略主義所給予日本國家前途的危險；就是戰勝中國，也和日本人民沒有絲毫利益，何況中國必無失敗之理。

(二)激動軍人家屬——告訴他們前線的慘苦，失敗的眞相，中國自衛戰的英勇，戰爭的必至延長，軍閥指揮士兵所作的暴行，以及中國對待俘虜的仁慈等等，最好請俘虜刊登照片，發表書信文字及廣播等。

(三)激動前線敵軍——告訴他們的國內恐慌情形，和他們家屬的懸念，歸國的無期，徒供軍閥犧牲的無意義，和我方的決戰，失敗的眞實消息，我方優待俘虜的事實等等。還利用敵國之同情於我們的或俘虜發表書信談話勸告文字。

（上例一部引用梁士純君之戰時的輿論及其統制）

上面只是隨便舉例，還有賴於熱心工作者之不斷研究，見機而作。「差以毫釐，謬以千里」，一有責者不可以不愼！

四　三種報紙的特性

地方報，壁報，號外。三者都是在抗戰宣傳當中顯示着重要的地位和活躍的姿態的。他們所具備的條件是普遍深入，通俗精簡，刺激有力。我們在抗戰新聞政策的工具中，也許是抗戰文化運動中是三種法寶。爲什麼，和怎樣去完成利用這三種法寶？分開來說：

地方報

(一)它的重要性，是跟着抗戰中的交通困難，和大都市淪陷或變爲戰區，與及抗戰力量重心歸到農村而特殊表現的。

(二)它的特點，是具有地方性而容易獲得地方人的接近，容易蒐集地方材料，容易把握地方特性和把握對象環境，因而它容易發揮地方文化運動的力量。

(三)它的任務，在於根據地方的需要，而供給種種的知識，發動地方的抗戰力量，指示當前地方切要的工作。它是一個地方大衆的訓育者，同時，它要作爲一個總文化運動的文化站，作爲團集失了聯絡，或找工作門徑的地方文化人青年工作者的中心。

（四）它的內容。除了一般的宣傳之外；應該特別注重於徵兵，徵工，募債、增加生產，武裝自衞等問題。我們必須以啓蒙的方式，通俗的文字；作爲我們的工具；同時，我們力避空泛原則而提出種種具體方案技術去敎授他們，如怎樣組織合作社，怎樣整頓鄉政，怎樣種雜粮，怎樣省錢，怎樣防止漢奸，怎樣辦種種組織，和種種工作的手續。消極方面，我們必須盡其制裁貪汚土劣，消滅不良風俗習慣的任務。

（五）各方關係。爲了使報紙成爲地方的公器，爲了使報紙本身健全和便利，必須和地方上的各方面發生密切關係。如政府機關，黨部，民衆團體，報紙成爲他們的輔助者，同盟者。發布和解釋政令，協助新政的推行，刊載抗救團體的宣傳文字，策動抗救宣傳，都是我們的任務。特別是對於地方上抗救活動份子，鄉村小學敎職員應該拉進爲我們工作的隊伍，成爲鞏固我們力量的力量。但，它必須在總文化工作的組織之下，成爲有系統的活動，並且和各方的文化工作團體發生聯絡的關係。它不是一個獨立工作者，而是一個作戰的單位。

(六)特殊條件。地方報的內容，除了通俗具體為必要條件之外，還得注意於以地方大衆生活為基礎，內容不能單純地枯燥地每一段都是直接於抗戰的。故對於地方大衆的生活狀況，地方情形的報告，是不可忽略的。同時，我們要設法啓發大衆的意見，無論對於地方平常設施，或關於抗戰工作，我們要提起他們討論的興趣，並給予他們正確的結論，(對智識分子，可舉辦座談會)這一來除了盡了對大衆政治訓育的任務以外，更可以反映出地方上的公意，可以造成輿論，貢獻當局。

(七)怎樣去辦？組織，以地方熱心這工作的分子作幹部。材料，請各鄉村小學教職員，或區署鄉公所，黨部，團體担任，當然不盡靠這些。印刷，如沒有鉛印的地方，可暫用鋼筆版。發行，可利用公路汽車交通站，宣傳隊，各層行政組織，黨部，各學校等，售價必須低廉。編制，姑假定為：論文，國際新聞，（用顯成的語句寫）國內新聞，（和抗戰有關及重要消息，敍稿務求簡明。）地方新聞，政令，（最好附以解釋）副刊，包括本地風光的小品，抗戰文藝，有意義的歌曲，鼓勵抗戰，指示工作的文字，篇幅，以小型，易看，易看完，可張貼，簡單爲必要原則。

壁報

（一）它的重要性。爲了深入而普遍，和彌補普通報紙所不及，同時爲了易於舉辦的種種緣故，產生它的重要性。還有呢，它不需要專門化，隨便識幾個字，懂寫幾個字都可以辦；更不必花錢，隨便站上幾分鐘，便可以得到看報的效果。它的性質呢，完全是大衆自己的報紙。——大衆看壁報，正如看告示，和看鄉中揭帖一樣，但看壁報要比較有興趣，也要比較看簡單的宣傳標語覺得具體有味，因此，有壁報貼着的地方，必然會引動許多人來聚看。不但聚看，而且一面看，一面講話，發表他自己的意見，懂得的會解釋給不懂得的人聽。它的效力，比較宣傳隊來得大，來得實在。

（二）它的任務：第一個是推進大衆的政治敎育，它是社會敎育的一枝主力軍；第二個是給予大衆以日常生活的道理，它簡直是大衆的解決問題的顧問。

（三）它的內容：大致可分爲簡短切要的論文，顯淺而有意義的文藝，所在地所發生問題的討論，新聞簡報，讀者意見，所在地的新聞，漫畫，它必須十二分的通俗，和明顯的指示性。

（四）怎樣去辦？每一個學校，每一鄉村，每一街，每一團體都可以辦。可以用隨便的紙，可以用鋼筆版，可以用手寫，更可以剪據各種書報貼成。在鄉村，可以由學校和鄉公所去辦。貼的地方是公衆當目或是公衆聚集的地方。它的定名，冠上所在地方或團體的名以至隨便都不成問題。

號　外

（一）它的重要性，是在於因爲突發事件而容易刺激起人們的注意，比普通報紙或一般宣傳品容易收到效果。——卽使平常不喜歡看報的人，他也要看看號外。

（二）它的任務。過去號外的性質，只不過是負責對讀者報道突發事件的消息，這在抗戰發動作用上面，是顯然不夠的。我們必須使它具有宣傳的全部作用，換句說，它應該就人們的注意中，注入我們的指示力量。例如：台兒莊大捷消息的號外，我們必得附以「聞勝不驕」的指示，才算是盡了我們的責任。

大概號外之發出，不外是由於勝利消息或有什麼驚人動作，此時看號外的人必然心情緊張到極度，感情衝動到極度，故我們不能忘記了給予理智的限制，以造成堅定的力量，同時，我們要設法使看過號外的人，要看詳細紀述的報紙。

（三）它的特點。簡單，快捷，警惕，價廉，而容易得到廣大的效果。

（四）怎樣發行？發行號外的不必一定是新聞機關；如民衆團體，軍政機關都可以發行的。在疲倦的空氣中間，我們可以藉一二宗重要事件發行號外，來激刺起大衆的精神，但是不能濫，濫則轉會失却作用。

報販叫喚，是發行的一個最有效的辦法，如「台兒莊敵軍大敗，死傷二萬」，「飛機飛日本散傳單」等等警惕句子，可以隨街大叫。

在遠離大都市的縣鄉鎮，很少得見號外的，我以為高級政府軍事機關，得到認為值得發號外的消息，即刻用最快的方法通告各地，各地接到此項消息後，也即刻發行號外。這一來，更可以引起各地民衆看報的要求。

上面，是我提出建立我們的新文器的組織和方法各點，都是切實而易行的。不具備之點，不能說沒有，可是我所提出的，都是值得注意研究參考的問題。

第四章　幾個要解決的問題

爲了新聞學的實用問題，因而產生了幾個新的問題。這幾個新的問題，當然是批到戰時新聞工作本身上面來的。解決的法則，當然絕對根據於戰時的需要。

一　統一戰綫

「統一戰線」，是半殖地民族革命的最高哲理，它廣泛地應用到各階層各組織裏面，而成爲不可顛撲的堅固力量。

「統一戰線」，是以「抗日第一」爲最高原則，這是對國內的。統一戰線在國際表現的，則爲「和平戰線」，它是以「反侵略第一」爲最高原則。我們新聞者在國內應該在整個抗日戰線下統一起來，首先便應該從本身統一起來，以推進整個抗日戰線統一起來，國際反侵略戰線統一起來！

(二)怎樣去從本身統一起來呢？

一國之內——在戰時政策裏面，我已經提到，卽是全國的新聞業者應該有一個有系統的統一組織，以至每一地之內，也是如此；在共同綱領之下齊一工作步調。

這一個共同綱領，是統一的主要力量。因爲在全國新聞業者中間，有黨派的關係，有思想不同的關係，也有目的不同的關係，在這許多不同關係當中，而求其統一起來，除非有一個當前的嚴重利害的共同點。剛剛在當前，民族利害成了全國各階層的嚴重利害的共同點，這個綱領，就是要解決這個共同利害的總力量，有了這個綱領，自然得到一致的遵守。

怎樣產生這一個共同綱領？我以爲當以國策爲中心，卽以國策的主張爲主張。對於技術的種種問題，如消息的交換，工作的協助，實行的步驟等等，則以公意來決定。

一報之內——有老板，有夥計，而夥計之中又有種種的不同。我們對於不正確的趨向，應該艱苦地說服糾正，尤其是那一報的力量在社會已獲得相當地位的，我們不能因爲環境的不佳，只有一走了事。最好在報內發動座談會讀書會之類，使全報工作者由感情一致，感　一致而達到表現一致。一地之內——許多是不合於我們理想的報紙，可是他們的力量要比我們大，那些主持者在社會上也有相當信仰，則我們決不能採取消極的方法去抵制他，以免引起內部的磨擦，最好還是用積極的方法去爭取他。爭取他的方法，除了建立感情之外，主要的是從他們利益上面着想。

（二）新聞者與讀者統一起來！過去新聞業者最大的毛病　，就是和社會現實隔離，形成報館自報館，讀者自讀者，現在則須兩者打成一片。換句說，我們要使報館成爲讀者的報館！我們的原則，是思想一元化，工作多元化。目的是在於爭取廣大的讀者。怎樣統一？且看下面：

合縱化——與論界的責任，其一是「爭取上層」。我們所說的話，最低限度要使政治負責當局注意，這樣才不致浪費氣力。故我們一方面固應接受當局關於政策之指示，而一方面則應盡其對當局決策之貢獻。爲了這，所以我們須多方求得接近政治負責當局。這在我名之爲「合縱」。

連橫化——輿論界第二個責任是「發動大衆」。要使大衆接受我們的一切。這責任，不是可以單從紙面工夫完成的，必須我們工作者深入大衆隊伍，如組設讀者座談會，讀書會，服務部，參加各種團體活動等等，使生活和讀者混在一起。此外，並且獎勵讀者參加報館工作，如接受讀者發表意見等，使發生密切的連繫。我也名之爲「連橫」。

兌現化——過去新聞業者只會說，不去做。現在則必須躬行實踐。譬如你坐在洋樓風扇低下，啣着雪茄，而筆底叫人去吃苦，至少讀者會懷疑你是一個能言不能行的人，這樣對於你所說的起碼要打個折扣。因此，我們說話要負責，儘可能地作實踐的表現，這樣讀者才會信仰你，接受你的話。這叫做「兌現政策」。

（三）國際新聞者統一起來！

我們爲加强反侵略的和平戰線，應該在「和平正義」口號之下，爭取國際新聞者統一戰線的實現！

第一，我國的新聞者組織要多方和國際新聞者組織以至文化團體發生密切的關係，如交換消息，互相訪問，接待等等。

第二，我們在各國僑胞的新聞業者，要以同業關係，和當地外國新聞業者取得感情工作的密切關係。如合組俱樂部，討論會文化會等。

事實上，在抗戰發動以後，國內新聞者已漸漸趨向統一了。在統一當中，營業的競爭，原是沒有妨礙的，唯一就是要保持精神的統一。

在國際輿論界，大部份也還表示着對我國抗戰同情，這足以影響到他國大衆的意嚮和國策之决定，因此，我們必須作更大努力，以求獲得更大的威果。

二　檢查制度和言論自由

「言論自由」，在新聞政策當中是一個重要的原則。不過，大家要明白，所謂「自由」，並不是「自由浪漫主義」的自由，而是「共同行動」的自由。換言之，我們所求的是更大的自由，即民族自由的自由，而非個人的自由。在抗戰期間，最大的自由，是從「抗日第一」「民族利益」之下而產生的所謂自由，絕對不能超出這個範圍以外。

同時，大家要明白，「言論自由」和「新聞自由」也有區別。我們不能反乎法律的限制而亂登破壞別人名譽的新聞，不能在法律公安秩序之外，不負責地「有聞必錄」。同樣，我們此時不能破壞抗戰政策的限制而有「新聞自由」。

戰時的檢查制度，是從這樣理由之下而成立的。

新聞檢查，即是新聞統制辦法之一，在各國甚而主張自由主義的英美，也有這個制度。在蘇聯，一九一九年人民委員會製定了一種私立出版所取締法，頒布禁例五項：（一）反蘇維埃的，（二）揭載軍事祕密的；（三）破壞良風美俗的；（四）虛造事實企圖擾亂輿論的；（五）侮辱少數民族和少數宗教的。（引金溟若非常時期之出版事業）在戰時，爲了一部份新聞者的幼稚，敵人謠言的散佈，爲保障戰事勝利起見，尤不能不加緊認眞。當然，這制度也會發生很大弊竇，反動的統治者，像日本軍閥之箝制輿論，蒙蔽大衆，這是惡意的，但如果我們相信政府當局對於國家的忠誠，並且，在根據國策一定標準之下去施行這個制度，我們便該認爲善意的而值得心悅誠服地去擁護」。大概檢查手續，在目前必須做到如下幾點：（一）絕對根據國策；（二）規定詳確標準；（三）當局與當地新聞者組織新聞政策研討機關，共同負責執行，或根據研討結論交特設檢查所執行；（四）外國在我國內的新聞業者或外報入口應受同樣待遇；（五）檢查人員須具充分常識；（六）被檢之稿件，應說明理由，俾下次注意自行改正。能夠這樣做去，不但不會剝削自由，還可以保障眞正的自由。

現在新聞檢查機關爲各省市新聞檢查所，它的權責，只限於本國的新聞紙，它的檢查規程，是「遵照中央檢查新聞處及各該省市主管軍政機關臨時指示辦理」的。

在廣東方面，黨政軍聯席會議規定出版物檢查標準：（各省也差不多）

一、對國民黨黨義，政綱，政策及議決案惡意詆毀者。

二、對國民黨及政府之設施惡意詆毀者。

三、詆譭政府及最高領袖，妄造謠言淆亂人心者。

四、不信政府抗戰國策，對政治，外交，軍事肆意抨擊者。

五、分裂抗日統一戰線，搖動抗戰信念者。

六、强調過去各黨各系之恩怨，以搖動人心者。

七、挑撥離間分化國內各民族間之感情者。

八、誇大敵方實力或暴露我方弱點。

九、調查或統計我國兵力之配置及移動者。

十、關于軍事祕密之文件不容發表者。

三　新聞文字問題

中國報紙之不能獲得普遍，原因很多，但文字複雜，却是主因之一。就康熙字典來說，共有四萬七千零三十五個字，中華書局的大字典補充了一千多個進去，約共四萬八千多字。我國文字是衍形制，所以文字儘管是思想言語的代表，但語文二者還是有部分的分途發展的傾向。這樣一來，便發生了認識的困難。而且，我國的「漢字」，是方塊的，給予排印上很大的困難。為了這，老早就有人提倡廢方塊字而改用拼音法，不得已而又想出基本常用字（一千一二百枚）這一辦法。

由於認識的困難，和印刷的困難，而招致整個教育文化活動上的重大損失，正不獨報紙為然。故我以為：

（二）拉丁化是不應該反對的——許多人以為中文拉丁化是取銷了自己的文化，所以便激烈地去反對。依我的意見則以為不然。中文拉丁化的好處，是在普及教育方面，它有很簡單快捷的條件，（本書不是專討論拉丁化文字問題，只好抽象指出）易收普遍而深入之效。也許反對的人，以為它會破壞國語統一，那里懂得它也有它統一國語的捷徑，叫連字也不識的文盲去統一國語嗎？在這宣傳急須普遍深入的時候，等到統一國語後才去着手嗎？恐怕這時已經是日本人向我們「統一日語」的時候了。至於在便利印刷方面，則可以免除過去一行一列的字盤，來來往往的檢字，什麽簡用，繁用，補添等等麻煩。我們可拿新興的土爾其作個模範，土文的拉丁化，使土爾的文言大量的掃除了，而土國的文化有了長足的發展。中國文字委實要澈底改革，當以這爲根本的途徑。

（二）目前報字的改革——拉丁化的推行，固然不能單由一家報館去做起，而必須有整個的發動。那末，新聞者應該從目前可能內辦到的：（一）廢去文言文字，漸漸把內容改變爲語體，尤其要先由通訊社做到。地方報可利用方言。（二）以基本常用字一千一二百個爲運用標準。（洪深著有基本常用字表）不然，亦極力避免使用生字。不容易爲人看懂的美術圖案字，尤其不宜用。（可看懂的當然在例外）

民國二十四年八月二十日教育部所製頒的第一批簡體字三百二十四個，有推行之必要，並且有繼續製定之必要。

四 小型報和小報

小型報和小報本來是一樣形式的東西。但在現有的性質分別起來，小型報是一種普通的報紙，它不過把報型照一般的縮小，而小報則簡直是一種特殊的出版物，「小」的意義當在「小型」之外而見到。

小型報在抗戰後更形發達、這的確是很有價值的革新運動。在抗戰後，爲了紙的來源困難，價昂，許多大報過去每份十張八張四五張的，已減少爲兩張或一張了，但我覺得還是小型報的方式較好。

我國製紙事業落後，尤以未能自製新聞紙用紙爲憾。據民國二十年統計洋紙進口數值爲四五，四一一，九八三海關平兩，內普通印書紙（即現新聞紙所用之紙）佔九，九九〇，四三二兩。而洋紙輸入最多者日本佔第一位，據民國十九年統計總値爲三七，一七〇，五一八兩，竟佔一八，一九〇，一四六兩，達一半有强。在這非常時期，自應極力減少洋貨進口，尤應提防敵貨冒裝運入。故報紙之選擇廣告，減少用紙，實爲必要。

小型報不獨在減少用紙方面見到好處，並且它有幾個優點：

(一)節省閱讀時間，並便利閱讀；

(二)賣價低廉；

(三)文字精鍊；(必須有這個優點)

(四)減省郵費；

(五)便利攜帶；

(六)編排便利；

(七)易於張貼；

(八)易於訂存。

至於小報，這幾年來，眞個是雨後春筍，滿坑滿谷。它也有它的優點：

(一)適合大衆口味；

（二）深入社會；

（三）多材料可補大報所不及。

但一般來說，小報的內容，每每是拿捕風作影，道聽途說的故事，和落伍的文字來作它的中心，愈是這樣，愈是銷流得大，特別是在沉悶的社會中間，作爲人們消閒的工具。在此時，這樣的小報，在宣傳統制政策之下，是不應任其存在的。爲適應當前需要起見，小報本身應有這樣的改革：（一）肅淸肉感陳腐神怪古僻肉麻文字圖片；（二）多載與抗戰有關的文學圖書，如壯烈事迹，民族英雄傳記，抗戰人物言行，抗戰常識，救亡消息等；（三）加設時事評論和大事記。

五　記者的任用

我並不是故意對記者先生們挖苦，第一，我們要明白新聞記者決不是普通商店的夥計，他的性質，就是一個公務人員。第二，我們要明白一家報館的好不好，繫於那家報館的工作者好不好。第三，我們更要明白記者在當前所負的使命如何重大，他能不能負起抗戰新聞政策的任務，視乎他的能力。因此，做記者不能隨便，尤其做戰時的記者不能隨便。

我們在此時應該把報館當作行政機構裏面的一種組織，因此，我們要把那組織里面的人員，當作公務員看待。比方一個小學校的教師，他也需要有他的資格，才能夠得到任用，一家報館要比一間學校重要，但爲什麼小學教員要在政府管理之下去做他的職務而記者則不然呢？因此，我主張：

(一)舉行記者資格審查甄別，（假如有以自由職業的理由來反對，那末，律師又如何呢？）

(二)舉行記者訓練。

資格的審查甄別，是以思想，學問，常識爲標準。在此時所謂「思想」決不是黨派信仰的問題，而是以忠於民族抗戰爲最高限度。學問和常識，也是以他所負的職務能勝任爲限度。

訓練，一方面是推行新聞教育，而一方面則應付當前的需要，舉辦特別的訓練。訓練的主要課目是抗戰的基本認識，戰時常識，執行新聞政策的技術。其次是新學問的正確理論，基本常識和技術，尤其是戰地通訊，攝影，採訪等等。

無可諱言的，現有記者中，大部份還是「濫竽充數」，要造成有力的新聞陣營，實非經過這樣不可。經過審查甄別，和訓練及格之後，即為有被任用之資格，此時，應該給予生活的保障，和相當的提高待遇。此外，負責當局，要對他們經常有管理查考的關係。（我主張在戰時，政府可以有新聞管理機關的特殊設置，像糧食管理機關一例）

第五章　應用講義十四課

新聞工作的技術應用，凡研究過新聞學的人都應該懂得，我現在所要講的，是切合戰時新聞工作的實際應用。但我以爲新聞工作在戰時比較平時要困難許多，戰時能夠辦得通，平時更沒有什麼問題了。並且，新聞學戰時和平時不同的地方，只在乎運用那一點。因此，我所講的，作爲平時新聞學看，也未嘗不可。

第一課　怎樣開辦報館？（通訊社附）

開報館，必須先有一個計劃，那計劃必須具備着下面幾個條件：

（一）宗旨——我們爲什麼而辦報？爲賺錢嗎？最好還是請你去另圖別業。因爲開報館等於開學校，開學校並不是做生意。然則，現在不是有許多報館賺錢嗎？這是另一問題。總之，以賺錢爲目的而開報館，則那家報館必然給賺錢目的所支配，什麼主張，什麼精神，必然爲那目的犧牲淨盡。

在當前，開報館的宗旨只有兩個是正當的——

(1)以文化人的資格或熱心文化工作者從事抗戰宣傳工作；

(2)以集合文化人意見，或謀求和增加文化活動的範圍。

當然，爲幫助本身事業之發展爲目的，有時也不能非議的，但它決不能離開上面的立場，而側重本身的利益。

(二)對象——給誰看？這不能不先有一個決定。卽如蘇聯報紙，在五千六百種當中，有一千六百種用各地方方言，青年有青年的報紙，軍人有軍人的報紙，各大工廠，有他各自的報紙，卽各有不同的對象。但要中國馬上辦到這樣，並不是一宗易事，不過，較大的對象，卽在文化水準上來決定它，也是應該有的。

依據當前的需要，我以爲報紙除了極少部份之外，當然最大的對象是廣大的羣衆。因爲供給知識份子的讀物，已經有許多刊物，而報紙則應該盡可地變成爲廣大羣衆的讀物。

（三）規模——大的呢？中抑或小呢？這答案似乎由資本之多寡來決定，但也不是由於資本之多寡來決定。而是由於需要來決定。當前所需要的報紙是簡單，售價低廉，這點，我已在小型報一段說過了。故我以爲此刻報館的規模愈簡單愈好。簡單不特使讀者負担減輕，就是在報館本身，也會感到許多輕便。不過，我們要注意，「簡單」和「簡陋」不同，簡單是在工具和人力充分條件之下而成立的。

（四）組織——怎樣組織呢？在簡單合理原則之下，我的理想的現時報館組織：

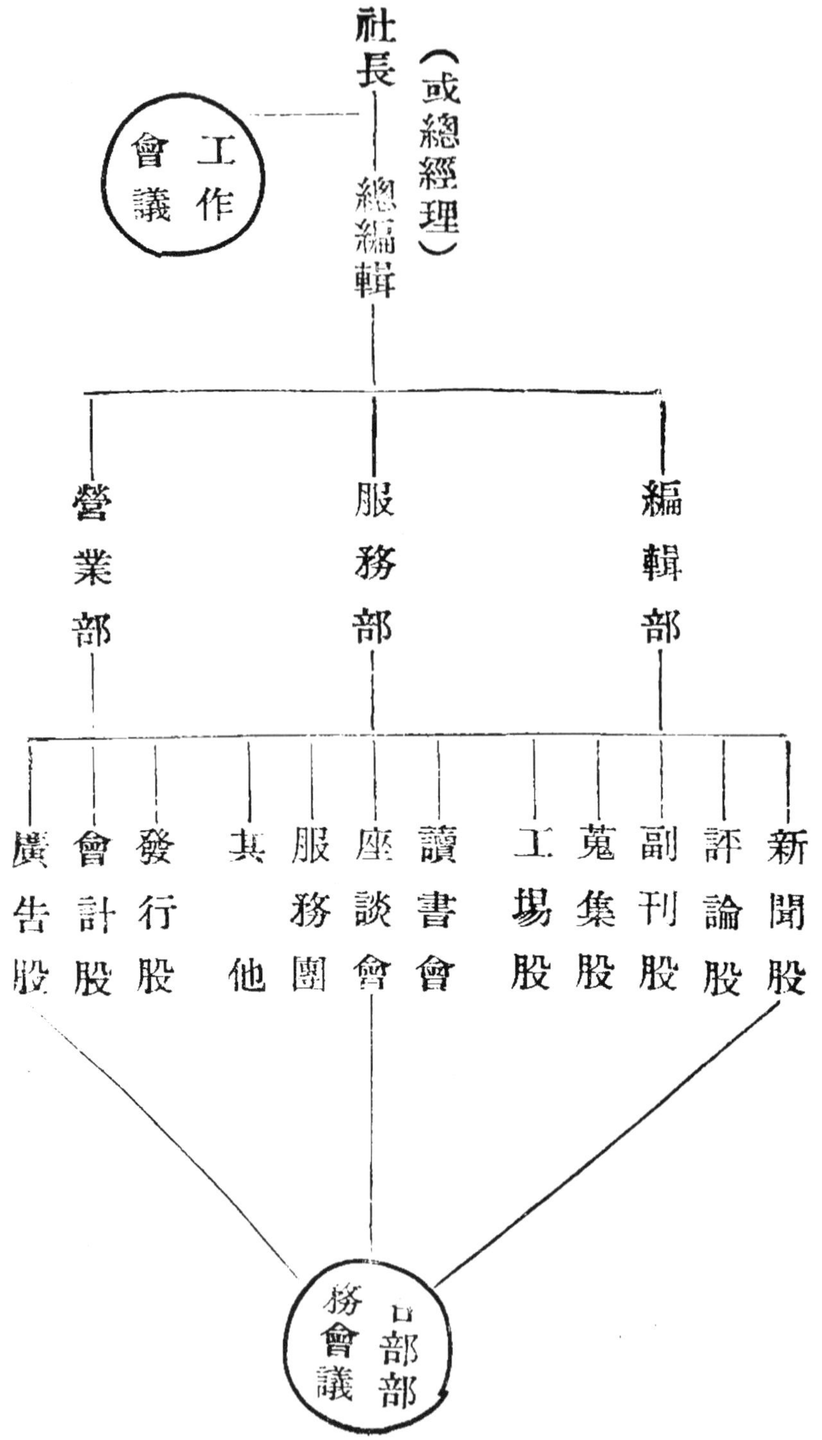
社長（或總經理）
總編輯
工作會議
營業部
服務部
編輯部
廣告股
會計股
發行股
其他
服務團
座談會
讀書會
工場股
蒐集股
副刊股
評論股
新聞股
各部部務會議

說明：(一)組織精神，採取民主集中制。

(二)工作會議之出席者爲全體工作人員。會議議決，交社長執行。

(三)各部部務會議議決送社長交工作會議討論。

(四)總編輯除負責編輯部外，有權指揮各部。

(五)服務部工作，爲與讀者和報外各方發生關係，及組織主持報內之各種研究組織。特別在當前，這一部必須充分發揮它的作用。

至於，關於通訊社的組織和工作。在組織方面，不外是主持人，編輯，訪員，書記等主幹人物。最重要部份，還是在於工作。我以爲此時通訊社工作，須注意下列幾點：

(一)敍稿須精簡，須改變過去公式作風；

(二)可能內改用語體；

(三)多和救亡團體發生關係，以開闢新聞來源；

(四)多訪和抗戰有關消息；

(五)決定材料中心；（最好集合同一區域內之通訊社商定分工合作辦法，以避免過去之重複浪費。）

(六)注重影片。

第二課　怎樣做訪員？

訪員等於商店的採買手，商店有沒有貨，貨好不好，全靠他的能力。因此，訪員在報館的地位，是佔着很重要的。

(一)種類——訪員可以分爲四種：駐報館的外勤記者，隨時出動或臨時出動；特約訪員，是報館約定駐某地或某機關團體某專門特定性質之訪稿者；特派員，是報館派出指定地點或指定某項工作之訪稿者。因其性質之不同，任務亦有分別。

(二)資格——訪員必須具有應用的基本的學問，和豐富的常識，他必須是通曉世故的人物。有機警的頭腦，克服困難的意志，刻苦耐勞的精神，冒險的勇氣，流利的口才，可親的態度，並且必須公正，自愛，有判審力，守信，肯鑽，敏捷，忠實，和社會各方多發生關係。

（三）採訪——採訪是一種應世最高的藝術，是新聞學上最微妙而又最困難的技術。除了可能從事正面者外，大都眞實消息之獲得，多不是從直接而是由於曲折彎抹而來的。訪員置身此繁雜變化社會中間，彷彿是一個偵探，是一個審判官，而又是一個科學思想家，他的眼睛，鼻子，腦和手足，一齊運用，大有孔老二所謂「其未得之也，患得之；既得之、患失之；苟患失之，無所不至」之概。這一個「至」字，我們應該作爲「到」字解，即無所不到，無所不得到之意；假如作爲「極」字解，即無所不極備之意。

這里有一個故事：日本幸德秋水之獄，處死之日，首先揭載者爲某報，此時官方尚未公布，問獄吏，獄吏不承認。某報訪員乃往探供給囚飯之料理店，料理店說照常送入。隔一天，再問，店伴說，「剛才送去，除管野須賀子一分之外，均退回。」那訪員還未敢決定，再往葬儀店探問，知

道已送了六副棺木進獄。於是遂決定辛德秋水他們六人已經被處死刑了，馬上發表號外。（例引天廬談報）

從這一個採訪故事看來，可見要獲得一件珍貴的消息，是很費一番心思的。即如向對象問話，最好極力避免正面的直接的，而採用旁敲側擊的種種方法。在某種場合里面，有時索性要避免訪員的招牌。

（四）戰地訪員——他必須具備普通的軍事常識，熟習軍隊的習慣，而有富於冒險精神；攝影的技術，必須具備。同時，他必須和工作所在地的軍事長官取得關係，必須遵守軍隊的紀律，並且盡可能去替軍隊服務。發表戰事的消息，須先得到高級長官的同意，發表的方式，也不妨和長官商討決定。因為我們主要的任務是在於有利於民族抗戰的宣傳。而這樣，又可以得到軍事長官對於我們工作的幫助。

（五）通訊工作——戰地通訊工作困難，且工作流動而繁苦。故我們應設法求得軍隊通訊機關的代轉。其次為求工作簡捷和祕密起見，應事先和報館約定常用代語簡表，例如：

（語）	（代）	（語）	（代）
游擊隊	游	戰事激烈	烈
生力軍	力	向我猛攻	猛
機械化部隊	化	坦克車	坦

其他地名人名數目兵種機關術語均可用代。其有常用性的，可以固定，其屬臨時較常用的，可臨時約定。

上述是戰地通訊工作，其他各地通訊工作，亦可照此辦法。

第三課　怎樣集稿？

集稿，是編輯部的初步工作，它的原則第一是豐富，第二是適用。集稿的責任因它的性質而歸各部份負責。如新聞稿歸新聞股負責，副刊稿歸副刊股負責。

（一）稿的來源——新聞稿方面有各種訪員的來稿，此外就是譯電稿，還有公用的通訊社稿。副刊稿方面則有讀者投稿，特約撰述稿，有一部份報館則利用大鉸剪政策，尤以廣州香港報華僑報內地報爲然。剪稿並非絕對不可，但必須選擇有意義的，同時必須註明來源，否則給讀者窺破，將失去報館之信用。

（二）稿的選擇——面前一大堆各種各樣的稿，那時編輯先生假如沒有明敏的眼光手法，必致弄到頭暈眼花。故在集稿之初，對於通稿之愼選，是必要的。即如在許多通訊社中間，選定幾家好的，如消息可靠，敍稿明晰，背景純正等，其餘的一概拒絕。對於同一事實的稿，擇可靠的爲主稿，餘稿有可補充點，則剪貼附在主稿之後，否則馬上棄置。

總選稿的責任屬之總編輯，總編輯分類選定後，分發各負責編輯製編。

（三）訪員的管理——訪員的管理得當與否，和稿的來源有絕大關係。新聞股里面，應有採訪組之設置，負指揮考核糾正訪員工作之責。比方當地或某地發生一重要事件，採訪組卽動員訪員前往工作，事先假定注意點交給訪員，例如發生一破獲漢奸案，則假定注意點爲：

1. 破獲地點，

何人破獲？

憑何線索破獲？

破獲時之情形，

證據。

2. 漢奸之人物，

姓名，年齡，容貌，那裏來，身世。

他的目的，

他的工作，

照片，

3。當局的處置，

4。觀衆的觀感，

——如十分緊急的消息，並須約定最速報告方法。

此外不必一定要有突發事件，才可以發現新聞材料，如靜態新聞之材料，亦隨時隨地可得。比方大衆的生活調查；經濟社會的統計，後方抗戰工作的情況，地方熱心努力者的小史，文化風俗等等，它們正如一座新聞鑛，等待我們去發掘。採訪組隨時提出注意點指示訪員去做。

（四）剪報室——報館應有一個剪報室，由專人去負責，它的作用，和機關的管卷室一樣。它是蒐集許多新舊材料，分門別類，供工作調閱參考。——材料的來源是各方書報刊物。分類假定大致爲；

國際　政治　經濟　軍事　文化　敵人暴行　民衆組織　地方　民族英雄小史　要人小史　國策　社會重大事件　圖片

在上列大綱之內，又可以分析出若干小目，愈明晰愈好。管理方法則仿照圖書館辦理。

剪報社辦理得好，則對於現在所發生的新聞，她如果是具有連續性的，要追索過去，可以不費大力。同時，可以根據這些材料作推測，統計，並且製成有系統條理的稿件的工具。比方，我們要編製一篇「一月來敵機轟炸廣州統計」，甚至於編纂一本戰史，大可以得有很詳明的材料。

第四課　怎樣製稿？

有了好的材料，沒有好的製法，那好的材料反而有時變成不好。過去的新聞稿有許多毛病，大致指出有幾點，這幾點都是和抗戰新聞有礙的。

一、陳言塞　比方不久以前，廣州香港有些報紙當中，就常常見到「一集團軍總司令陳濟棠夫人莫秀英女士」之類的敘法。主要的是「莫秀英」，在當時，誰不知道莫秀英是陳濟棠的夫人，也有誰不知道陳濟棠是一集團軍總司令，莫秀英不是「男士」，更有誰人不曉得，又何必一定替她做訃告式的敍法呢？還有，在一段記事中間，許多不必要的字句，用上去不見到對於事實更加明顯，甚至反而轉移了事實的要點。卽如某要人由香港乘金山輪抵廣州，而敍稿的人，却很有閒情地寫上一堆「×時×分金山輪徐徐進口，未幾，汽笛一聲，輪漸漸泊岸」，它似乎專爲金山輪描寫一樣。現在，有許多人寫文章，一開筆就是「自七七蘆溝橋事變以來」，可說同一毛病。粵港報紙，每每喜歡來一段長長的帽子式的敍述，尤以政治新聞爲然，他們幾乎要從「混沌初開」一直談到現在，才拍入主題。這樣一來，不特寃枉筆墨時間篇幅，讀者卽使有這樣閒光陰來讀報，也恐怕要懨懨欲睡。

三、沒有中心決斷

我們每每見到報紙上有「另一消息」，或「據另一訪函云」之類的字樣。跟着就是並載同一事實的兩個或兩個以上的消息，究竟要相信那一個是眞確，在沒有判審力的讀者，不免有感到莫名其妙之慨。這由於訪員探訪不夠淸楚，和沒有決斷能力所致。假如碰着萬不得已而必須存疑的時候，我們也應該提出一個中心，暗示讀者以推想的途徑。不然，他就是糊塗，就是不負責任！

三、直率枯澀　一般寫作新聞，總脫不掉公事式——公式化的圈套。譬如敍述某團體開會，他們照例就是等於書記流水賬紀錄一樣——時間，地點，布置，主席，到會人數，行禮如儀，討論，議决，報告，講演，選舉，被選人，拍照，茶會，散會。這樣敍法，除了和該團體有關係者一顧之外，一般讀者對它，誰肯嚼此無味之蠟？特别在現在以這類新聞爲盛行滿紙這樣的東西，非令讀者望而却眼不可。高明的寫法，他一定從許多罅隙中間去形容一切，如會場的動態，特點，單是紀錄一個人的演説，也有他的姿態，精采點，聽衆的情形等等，這樣寫起來，一段新聞才不會死板板硬生生的。特别是關係抗戰的新聞，我們要藉這段新聞來喚起讀者的注意，提起讀者的精神，因而我們不能不講求巧妙的手法。

此刻，我擬下幾個製稿的原則；

1. 精簡　把一切不必要的字句儘量犧牲，從精簡中能夠包括事實的內容。

2、生動　用藝術的手腕，把呆的事實靈活起來。例如有一段新聞這樣敍法：「×兒童歌詠隊×日在×處舉行歌詠會，該隊兒童十二人，活潑可愛，聽衆二百餘人，皆受感動。」

生動的敍法是：

「×兒童歌詠隊在×處舉行歌詠會，在那十二個活潑天眞兒童的歌聲動作之下，二百餘位聽衆，無不感動。」

3、把握中心　每一段新聞都有它的中心。卽如上引一段新聞的中心是「兒童歌詠」，那末，我們應該極力描寫「兒童」的力量，渲染出她們他們的可愛。

4、正確暗示　具有宣傳性的新聞，它必須含有豐富的暗示，以刺激起讀者的思維，指示讀者以正確途徑。例如：「×青年××因逃難到此，感懷身世，憤而於×日×時在×處服毒自殺　經×發覺，已無法救治。」

像這樣新聞，會給讀者以消極的不良影響，應該改敍：

「×青年××，因逃難到此，感懷身世，以意志薄弱之故，憤而……」如果加上「以意志薄弱之故」一句，卽暗示讀者他這樣做法是不對的。

5。合理

合理就是科學的，眞實的。譬如舊小說中的書中人發夢，神仙打救等，說出來不會令人相信，因爲書中人發夢，不是可以給外人看到的。報紙敍稿，也往往有這樣的毛病。如敍姦案總不脫「春花秋月，未免有情」，「終宵輾轉，想念個郎」，她終宵輾轉，難道貴記者就是她的「個郎」嗎？不然，何以得知？在當前，我們報告抗戰消息，在字面上，尤其須要取信讀者，若只憑一時的高興，作「無煙大砲」式的誇張，「某役斃敵幾千」，「某役俘敵若干」，假如沒有眞的事實繼續，讀者一定會起了很大的懷疑。善意的造謠，我們相當不反對，卽相當的誇大，在宣傳作用上亦原無不可，但它的必要條件，在有相當事實根據或和事實關屬的必然相符。否則非徒無益，而又害之。

6。通俗　極力避免使用深澀難懂的詞句。

新聞稿的製作，可分爲普通敍事稿，（像時下報紙訪稿）通訊稿，（如黃遠庸派的寫實通信，徐彬彬派的浪漫通信，王一之派的古典通訊）特寫稿，（即專就某一事誇張寫法）我以爲除了普通事實用普通敍事稿外，其餘性質可以歸納到「報告文學」一類。她要有內容，有渲染。在當前，她需要有煽動性，有指示性。至於敍事稿，也必然要改變過去左傳史記聊齋式。過去「某生，遊公園，遇一女郎，睨之，天人也」這一類的作風，實在不合時代。

第五課　怎樣編稿？

編輯是稿件的最後選擇和決定，他負有取捨安排的絕對權力。因此，編輯人對於所負部分的能力，是不能隨便的。關於編輯的工作，現在分爲注意點和應有手續說。

（一）注意點：

1. 編輯方針　編輯方針是根據於整個報紙的決策而隨時決定的。比方，在華南大衆表現疲憊，而需要刺激起他們緊張的精神的時候，在整個報紙的宣傳抗戰決策之下，而決定它的當前特殊任務。它的當前特殊任務是解決怎樣在刺激起華南大衆緊張的精神這一個問題。

一個報紙，不能沒有一個編輯方針，這個編輯方針，是指示全報當前所要表現的一種精神，是給予全報工作者現一階段的工作遵循中心。有了它才能夠統一各部分工作的步調，而表現着報紙的統一調和性。

2. 編輯目的　它第一是求所取的稿件獲得適宜的處置；第二是求讀者獲得讀報的便利；第三是求報容不失其美觀。關於第一點，在編輯方針指示之下決定材料的價值，因它價值的高下而決定它的安排方法。譬如多數人所急要知道，或主觀上需要讀者特別注視的材料，則安排的時候把這種材料，放在觸目的位置，如首段或故作一種刺眼的區別。其次，是要把多種複雜的材料，經過工作，使成爲有系統條理完整的成熟品。關於第二點，大部份屬於標題的問題，往後再說，惟關於材料删正一點，也是很有關係的。關於第三點，我以爲報容和妝飾有同樣的作用，如何引起讀者們的注意？如何才能夠奪目？編輯的時候，不能不加以講求。編輯，本來就是雕琢原料的工夫，如果能夠把琢成的器皿，再加以一種動人的裝置，那器皿必更加顯出它的價值。報容的條件，是齊整，鮮明，有吸引力。

（二）工作手續：

1.估計　量　比方今日所需要的稿件是全部二萬個字位。那末，就在這個容量的範圍內去決定所取的材料。首先把必要的選拔編發，其次是次要。假如有許多材料非發表不可的時候，次要的可以酌量縮短，甚至删威爲簡報。

2. 編排預定　有人把全版的編排，等到各小樣排好後，然後貼成大樣，這種費時失事的辦法，也許辦雜誌是可以，寸金一刻的報紙，是萬萬不可的。編輯者在編輯和標題的時候，對於字位，用字號別，安排位置，必須成竹在胸，但這是非很熟鍊不可。簡便的辦法，是具備複寫兩頁的登記冊（一頁存查，一頁發交排字工場）在發稿的時候，把每一段稿註上。格式是如此：

次第	題目	題估格	題字號	文字數	文字號	文排法
	台兒莊我軍殲敵二萬	三	特	三千五百	四	三開二

稿發足的時候，決定安排次第，乃發交排字工場。

報紙有一定的分格（或叫欄）數目，在編稿的時候，假如照上表，則用硃筆在稿端註明「題三，文三開二」，另在題側指明一「特」字，文則指明一「四」字。這種符號，本無一定，可就便利和排字工場約定。

3. 內容鑒別　原稿的內容在編輯時發現錯誤或不足的地方，編輯者應該用自己的見地去改正，或發囘來稿者再行探究。這里，分開文字和事實兩點來說，其屬於文字方面，編輯者可絕對有權改正，惟事實方面，却不能隨便。（違反政策者又當別論）有一點，編輯人必須當心的，就是對於戰地通訊稿，有許多訪員爲要對報館表示自己能力，有時明知某一點不該寫進去，也要寫進去，因爲他想到發表決定權在於編輯。對於這，編輯者不能不格外仔細了！

此外，編輯人應該具有法律常識，和熟悉出版條例。更有一點，我主張每一段消息之下，註明來源。

第六課　怎樣標題？

新聞標題，是新聞文學的最高技術。標題可說是全段新聞精神所寄託，全段新聞的力量，要靠她去表現。因此，標題的得當與否，關係新聞是很重大的。在雷同的公用通稿流行的現在新聞界里面，要爭勝，固然和選稿，修稿，編排各方面有關係，但標題之優劣，則為勝敗的主要條件。

許多讀者為了時間的關係，有時僅僅溜覽標題了事，故標題第一個作用，是便利讀者。有些報紙，把當日的重要新聞作成提要，刊之封面，這辦法大可採用。

一段新聞所包含的事實，其中有許多是很複雜的，如果要讀者一一讀過之後，才明白一切，一定會感到許多不便。有了明晰的標題，使讀者胸中先有一個概念，則讀者對於這段新聞，必然得到了解的機會。故標題第二個作用，也是便利讀者。

可是，僅僅這樣說法是非常不夠的。所謂便利讀者，只是客觀上的任務做到，而實則標題本身必須含有主觀的作用。換言之，標題必須盡了主觀上的任務。特別在新聞成為宣傳工具的今日，尤其不能不利用標題，作為充分發揮我們主觀作用的利器。

本來，標題應該和製稿有一定的關連，標題不能和敍述有什麽不同的地方。但敍述所不能表達的地方，却要利用標題來做到。譬如盒子裏的鑽石，箱子裏的玻璃，它自己不能告訴別人家自己是鑽石或玻璃，而標題却是在盒子箱子的上面，寫上鑽石或玻璃的字樣。再來一個譬喻，標題的表達力，應該等於一篇具體的文章，但她要比一篇具體的文章爲難寫，如同做五言絕句比七言排律來得難好一般。她每用一字，都不能像寫文章一般隨便。即如：「我軍奉令退出徐州」這一個標題的「奉令」二字，就包括有一篇很大的宣傳作用很具體的文章。她充分含有主觀的作用，她的表達力，也非常之大。

這里再舉個例，說明什麽是主觀的作用，例如標題是——

敵改組內閣（客觀的）

加强軍閥統治（主觀作用）

要怎樣完成上述的使命？她有幾個條件：

（一）把握重心　一段新聞，必有一個重心。但重心的看法，有時須依據於主觀的，並且在某種關係上必須依據於主觀的。譬如：徐州失陷這一段新聞，在敵方主觀的看來是「皇軍入徐州」，或「華軍退出徐州」，但在我方主觀作用去決定它，則在于「我軍奉令自動退出徐州」這一點。同樣，敵機轟炸廣州，我們便要找出一個以「轟炸平民區」或「死傷平民慘狀」爲重心。重心的決定，很可以把讀者對於新聞的價值的估計概念變更，他們會把玻璃的重視甚於鑽石。因此，屬於宣傳性　新聞重心，應該從主觀作用上去決定的。——當然，我們反對指鹿爲馬，以玻璃爲鑽石的辦法。

（二）提示性　在一段複雜新聞中間，每每有許多地方爲讀者所不經意，或看不出輕重點。標題的任務，就要把重點特別提出，給讀者們認識領略。譬如：有一段新聞是敍述×地田野間農人乘敵機經過低飛的時候，開步槍擊落敵機。那末這一段新聞的重點是在於「乘敵機低飛」，因而我們標題要這樣—

農民用步槍擊落敵機（總括事實）

乘敵機經過低飛的良機（提示）

（三）暗示性　暗示是一種啓發教育的方法。比方我們對甲孩稱讚乙孩的用功好學，就是暗示着他要去學乙孩。這方法有時會比正面教育來得大。卽如：上述的「我軍奉令退出徐州」，就是暗示着讀者我軍之退出徐是自動的，並非由於被敵打敗所致。又卽如：「乘敵機經過低飛的良機」，「良機」云云，也就暗示着當敵機經過低飛的時候，可以用步槍去打。再引幾個標題：

三灶島壯丁們的英勇

漢奸××的悲慘收場

敵驅戰區壯丁作砲灰

這些，都是具有豐富暗示作用的寫法。卽用間接的方法，去給予人們以正確的觀念。

（四）吸引性　新聞第一個目的是要使到人們肯讀。江湖賣藥者，他開場就是敲響銅鑼，吸引羣衆，推銷貨品的人，少不免要做點廣告工夫，招徠顧客；標題必須具有這樣的魔力。譬如：上引×兒童歌詠團的一段新聞，（見本章第三課）敍述未嘗不很生動，但究屬一段很平常的消息，如果我們運用手法，來一個這樣標題——

孩子們怒吼聲
顫動了二百餘人的心弦

必然較可以引起讀者們的注視。爲了動目，爲了使人不能不看，有時可以施施狡獪。

（五）鼓動性　在鼷綏的空氣裏面，讀者的精神需要刺激，感情需要煽動，那末，我們的標題不能不帶有一種鼓動性。例如：

×榮譽隊回前綫殺敵（正面的）

×募捐團爲國爭先

×市仇貨充斥

惜乎無熱血者對付（側面的）

阻撓勸銷公債的涼血動物（反面的）

（六）批評性　批評的責任，本來是屬於評論部份的責任。但我們不能對每一事都寫一篇評論，於是，標題也很有負起這個責任的必要。例如：

青年憂國自殺（事實）

是意志薄弱者所爲（批評）

大敵當前愚民械鬥

奸商私運仇貨可殺

遷家逃避者之無謂

（七）誇張性　就事實的誇張，它具有刺激和影響的功用，在不離事實的原則之下，可以採用的。例如：

隨時動員保衞大廣東

民衆武裝二百萬

×地民衆蜂起

協助國軍殺敵

（八）挑撥性　這是對敵國和國際方面宣傳而用的，其目的在於使敵國民衆士兵發生對侵略者的反感，使國際發生對敵國的仇視。例如：

日閣改組抹煞民意政黨

敵據粵沿海小島準備對付香港

敵擾華南打擊國際對華南貿易

敵機故炸×國教堂

（九）主動性　我們對於抗戰動作的一切，要充分表現主動地位。在標題方面所表現的，是我為「主格」。例如：

敵在××與我游擊隊血戰（敵為主格）

我游擊隊與敵在××血戰（我為主格）

我為主格，是表現我的力量，反之，則為表現敵人的力量。

除了上述條件之外，還有：（一）注意美觀方面，要字數字號安排得宜；（二）標題分大，小，單，複，分，五種，如新聞只用一題已足，則曰「單」；否則可用多題，則曰「複」；主題（大）不足表達的時候，則以副題（小）助之，因別之曰「

大小」；稿太長而複雜的時候，可用分題區別，則曰「分」。（主副題又可各正側題）（三）標題的排法，有先短後長，先長後短，有橫排，有直排，有斜排之別，在乎斟酌適宜。（四）標題最忌重複而不新鮮；含糊而不明確；呆滯而不靈活，平凡而不生動。（五）引用成語，如得其道，效力頗大。總之，標題在新聞學中是最難最深的學問，研究新聞學者，必須於此下苦工夫。

第七課　對軍事新聞怎樣？

軍事新聞在抗戰期間，爲一般讀者所最注目的材料，而同時，亦爲新聞中的最嚴重部份。不過，以執筆的人而作「紙上談兵」之舉，未免有點兒外行，因外行而不免發生錯誤，或不夠眞切。大概好的軍事新聞可能負起兩個任務，其一爲使讀者如親臨戰場觀戰，其一爲作軍事行動有利的影響，要達到這目的：

（一）新聞工作者應有起碼的軍事常識，地理常識，和明瞭敵我戰略戰術，兩方情勢。當然，他的程度不同於軍事專家。譬如，什麽是「機械化部隊」什麼是「游擊戰」，「運動戰」，……他要能夠給予讀者們了解，他自己不能不首先了解。

(二)軍事新聞的來源，十分之八九是憑軍事機關所發表，而發表的負責者，多數是經過參謀處。（戰地記者之發出消息，亦須得其同意）他們究竟是軍事家不是宣傳家，故他們所發出的材料，未免帶點單純化。如果我們照原相發表，一來是描寫不夠，二來會使讀者有「官方消息」的成見。最好，我們把它作爲材料，而加以翻製的一番工夫。

(三)在「軍事秘密」限制之下，軍事新聞的發表，特別困難；而軍事新聞之眞確性，也比較難得，這是無可如何之事。要解決這個難題，一方面希望軍事當局有一個統一的發表新聞機關的設置，儘可能發出可能發出的消息。而一方面新聞者則側重於軍事新聞的發揮技術。

(四)軍事新聞的發揮技術，在於忠實化（證實）的描寫，和具有解釋指示的作用。譬如台兒莊勝利消息，官方公布，即使十二分忠實，但在初民衆還免不了有多少懷疑。我們爲要獲得讀者的確信，應該發動多方面的消息來證實。在現習慣當中，尤可利用讀者「崇拜外國報消息」的心理，必要時，可假託來自外人消息。（主要還是建立自己威信）同時，我們要解釋台兒莊一役獲勝的理由，更指示出今後戰事的趨勢。評論式的軍事新聞，在讀者關心戰局的情形之下，是可以採用的。

（五）消息貴乎迅速地遞到讀者眼前，可是，前方的軍事消息，一時不容易達到後方。在沉滯空氣之下，爲鼓起讀者貫注的精神起見，新聞者對於大衆注目的某一戰況，有時可以預作穩健的推測。即如繼台兒莊一役之後，爲了敵人的企圖挽回前方和國內的頹勢，我方爲了繼續殲滅戰爭，則繼台兒莊一役之後，必然來一個更大規模的會戰，是意料中事。我們更可以把敵軍的調動種種事實來證明這一個可能。又即爲徐州失陷後，隴海線戰事必然激烈，中原大會戰爲期不遠等等，均可從推斷上作預言式的揭示。這一來，更可以引起讀者對於戰局某點之注意。

（六）預爲布置，這也是新聞者對於軍事協助之重要任務。

我軍爲了執行運動戰，取得主動的地位的新戰略之故，徐州當然勢所必然理有必至的放棄必要。此時新聞的宣傳策略，必須配合這一個趨向，預先發播台兒莊勝利後徐州已失去軍事價值等等暗示，使我軍到了眞的放棄徐州的時候，讀者不會感到若何失望。不然，報紙如果還是一樣地刊着「我軍決死守徐州」，或「敵人斷不能越雷池一步」等宣傳，顯然是和戰略相反，它所得的結果，必然是蒙着大大的不利。——就是報紙的威信，也會因此動搖。

（七）特別表揚我軍英勇壯烈的事蹟，和戰區民衆協助作戰的踴躍，和我軍戰略戰術的高明等等，以喚起後方民衆的信賴和指出民衆對於抗戰中的責任，這工作在軍事新聞中必須加緊的。

第八課　對政治新聞怎樣？

不懂得政治的人，絕對不配做新聞記者，尤其在做新聞記者工作中，要有隨時學習政治的意趣。這里所說的政治，是包括政治原理，政治現實，和政治轉變中的一切形態。同時，在熟諳這幾種以外，新聞記者必須具有正確的認識，（政治分析的能力）正確主張的信念，（信仰和識力）更要認定自己崗位所負的責任是造成輿論，代表輿論。這一切的表現，在政治新聞中間去成功它。這里提出幾點來討論：

（一）國策具體化　譬如就拿抗戰建國綱領來說，它是當前政治設施的最高原則。那末，我們必須把它强調它，使一般人明瞭它，擁護它。但它究竟還是一個原則，怎樣使到這一個原則見諸具體的事實？辦法是有的，即爲在某一政治設施新聞上，我們可以指出這一點是根據抗戰建國綱領某一點，那一點是不合於抗戰建國綱領某一點。舉例來說，政府舉辦農村貸款，舉辦合作事業，是根據於抗戰建國綱領第十七項和第十八項，而現鄉村間保甲制度的流弊，則又不合於抗戰建國綱領的第十四項。這是舉例，可以類推。

不止是技術上的問題，我們在當前政治上，應該很誠意地在政治新聞表現上，抗戰建國綱領，以國民黨臨時全國代表大會宣言及爲具體化的中心。因爲它已經變成爲當前抗戰的需要，爲全國人所要求的政治理想。

(二)一般文化人，往往喜歡對羣衆提出很高的政治口號，對當局提出很大的政治要求。然而結果不是環境不許可，就是不能接受。故此時我們必須採取艱苦爭取的態度，從小點建立大點，從一點一滴地做起，它所得到的結果，必然和預期出入不大。政治新聞所採的態度就是這樣。它的方法，是從每一段政治新聞中間，建立起人們的政治認識，從許多方面中造成濃厚有力的新空氣。它是一間政治訓練學校，不是一個執行的權力機關。

(三)文化人當前所表現的姿態，他是一個政治運動者，他有正確的政治主張。但在抗戰統一戰線裏面，固然不能忘記了自己是社會的領導者，然而「領導」是從取得信服中而逐步完成的，過於主觀的運用，有時反會得到相反的結果。政治新聞在現矛盾的政治社會當中，必然發現着許多爲我們所不滿的現狀，那時我們決不能抹煞它存在的條件，我們不採用直接攻擊的姿勢，而出以多方說服的態度。爲了統一戰線之故，爲了使人接近之故，我們不能擺出可怕的面目。甚至於我們對付敵人，我們不能光曉得强烈的攻擊，忽略了喚起敵人內心的恐怖懾服。孫子兵法所謂「攻心爲上」，就是這個妙用。

（四）戰時政治的性質，是根據戰時的需要而決定的。卽一切政治的設施，必須配合於軍事活動上面，我們必須常常指出。並且，我們要指出軍事活動的政治意義，軍事不能離開政治而發展成功。戰時政治新聞，不是單純作政治的表現的。

第九課　對國際新聞怎樣？

國際新聞的任務，在於分析變化中的國際現勢，一面給予國人以清楚的觀念，同時謀國際有利關係的建立，——國民外交力的養成。

中國是國際政治變化中的一環，不特在戰時具有嚴重的關係，即在平時，也有其不可分離的連鎖。可惜，我國報紙向來習慣不注意這個，一般讀者，也照樣漠不關心，這等於自己封鎖了自己。現在我們要一變過去這樣的態度！

(一)報紙對於重大的國際新聞，不但要向國人介紹，並且要有詳明的分析。

(二)分析國際新聞的中心，注重點在於以我國抗戰利益為前提。

(三)我們對於國際新聞的態度，絕對以當前抗戰外交政策為依據。但我們更有一個任務，是怎樣使到現行外交政策，作有力的表現；怎樣使到現行外交政策，真切地合於抗戰的要求。

(四)此外，我們對於國際新聞的來源，應該有一個鑒別。大概目前國際新聞的來源，多是靠各國通訊社所發表的消息。而各國通訊社，各有它本身國家利益，各有它為國家利益宣傳的作用，同時，我們更應注意敵人的國際宣傳政策的利用。如路透社的背景是英國，海通社的背景是德國，……我們一一明瞭以後，才好去決定我們對付它所發表消息的態度。即為過去×社發表「蘇聯出兵外蒙」的消息，假如這消息是從蘇聯方面通訊發出的，我們倒值得考慮它的眞實性，但剛剛這是我們敵人盟友宣傳機關所發出的消息，那我們便不能隨便相信了。

很有可能地我們從各個不同背景的外國通訊社所發出的消息，尋出各該國的外交政策，或外交意嚮。當然，我們不能單憑表面文章去判定，即如最近敵人的盟友×國，頻頻發表於我抗戰有利的新聞，但我們不能即判定這是×國對我好感的表示，只能看作×國外交政策的妙用。

因此種種，我們要對讀者有一個明確的指示。同時，不管×國對我外交政策怎樣存心狡猾，而它所發表有利於我的新聞，仍然可以把握作爲利用的工具。

國際是一個錯綜變化的局面，我們旣有了基本的認識，和定了基本的政策以後。我們還要隨時留心它變化的痕迹，作爲我們工作方針的準繩。

第十課　對社會新聞怎樣？

新聞紙不能一刻離開社會，新聞紙是反映着社會的一切現象，因而它的基礎，是社會生活現實。

自廣義說，社會新聞應該包括着自然人事的一切活動，甚至靜態。然而現在不是這樣說。在新聞紙中所被稱爲「社會新聞」的，現習慣上是指瑣屑的人事和較小的自然現象而言。如兩夫妻的離婚，某甲服毒自殺，某地噴出紅水等等，概括地說，它是無關「黨國大計」的姦淫盜殺事件的紀述。可是問題不是在於這樣規定的對不對，而在於它的內容怎樣。

以姦淫盜殺爲主的一向習慣之下，所謂社會新聞，無非是充塞着消極的社會病態。指出社會病態，有時足以發人深省，供社會醫理者的很好參考。不過，現在一般新聞紙的社會新聞所表現者，其目的似乎是「醉翁之意不在酒」。他們唯一的目的，只是怎樣迎合一部份讀者的下流心理，有些簡直作爲推銷報紙的中心政策。

在這樣目的政策之下，於是它所表現的，很普遍地發見着：

肉感的——描寫男女之間，如何「拍拖」，如何性交，等於他們副刊的「鹹濕」小說，（社會新聞的性質，他們是看作副刊一樣）繪影繪聲，盡其引誘的能事。

趣味的——他們的趣味，如粵語影片的什麼「鄉下老遊埠」之類的低級趣味，他們的作風不外是「笑林廣記」「一見哈哈笑」的開玩笑主義。

迷信的——他們把封建殘餘腐惡方面盡量的宣揚。如神怪，風水，反科學，反法律，反合理論生活的事實，一入他們之手，加以「生花妙筆」（？）的渲染，而一部份讀者便覺得是津津有味的消遣品了。

僅僅提出這部份最反動的，它已經足以引導讀者到不正當的路途上去。因爲他們是採取消極的態度，讀者所受到影響的是頹廢，墮落。這剛剛是和抗戰的民族性相反的。

儘管整份報是前進的，假如還保留着這樣的尾巴，一切將要被取消淨盡。一部份讀者，當他們把報紙打開的時候，首先就是要找社會新聞看，而恰恰它又是滿布着毒素的食糧，你說如何的危險！在當前，我們要起來作報紙的清毒運動！

我們所需要的是：

(一)積極地指示合理的生活，消極的批判相反的生活；

(二)發揚民族自愛自立自存的精神，特別是鼓勵向上前進的行爲，科學的思想，和抗戰有利的一切活動。

(三)社會新聞，應該作爲抗戰社會教育運動，故它充滿着指導性作用的新園地。

(四)同時，我們不能抹煞了趣味，但這里的趣味，是高級的，正當的，含有教育性能的。另一作用，是在於調和讀報者的精力。

第十一課　怎樣編副刊？

「副刊」這一個名稱，在現在看來，似乎有點不大合理。一般的觀念，以新聞材料爲正，以文字爲副，因而有所謂「副刊」。其實，整份報紙的作用來看，沒有什麼正副可分的。

這里，不妨沿用舊名，以便說明。

怎樣編副刊？副刊的種類大概分爲兩種——文藝，言論。——文藝又有新舊的區別。

我們當前的理想副刊是：

在形式方面——不妨文藝言論綜合，也不妨新舊文藝相混。我們反對形式主義，注重內容。

在內容方面——掃除過去陳腐，頹廢，墮落深澀的精神式趨向，而注重精簡，興奮，向上，通俗，它要負起指導批判發動大衆的任務。在文藝方面，儘量利用社會熟習的文字體裁題材，在言論方面，儘量提出社會實際的問題——問題儘可能是枝節瑣碎的。

要實現上述理想，固然有賴於副刊作者的努力，但同時，我們不但要達到使副刊成為讀者的愛讀物，也要達到使副刊成為讀者大眾的園地。副刊編者，他不過是一個大眾園地的主持人。因此，副刊編者須做到下面工作：

鼓勵讀者投稿——規定範圍，劃定稿酬，這是第一步。還有，不怕麻煩地督投稿者刪改；和投稿者通訊，談話；經常召開投稿座談會；提出問題發動討論等等。這一來，不特可以開闢稿的來源，並且可以盡其訓育的任務。

歡迎社團借刊——副刊編者必須和各方發生密切關係。而歡迎學術文化社團借刊，是一個很好的辦法。但我們必須雙方規定簡約。

集中透闢發揮——除了普遍的宣傳工作之外，對於某一特種問題，需要我們集中透闢的發揮。如較固定的徵兵，募債等等，和臨時發生的重大問題，即如最近的捷克事件，日內閣改組事件，為讀者急需認識的問題，跟着國策的需要和報上的重要新聞，決定它的工作項目。這工作中，特別注意提出具體的指示，實際的方案。

引起閱讀興趣——光是叫口號，和理論原則的發揮，會引起讀者的討厭。最好是運用由淺入深的手法，多描寫點和讀者切身生活有關係的材料。地方性的報告文學，讀者提出疑問的解答等等，都是很重要的。此外，文字不要冗長枯燥。

第十二課　怎樣寫評論？

評論是代表一個報館的意志，不，它是代表廣大讀者的意志。因此，評論必須有正確的主張，有影響當局發動大衆的功能。

這里，我僅僅討論評論的技術方面。

（一）寫評論的技術有三個要素，一個是「糖」，一個是「酒」，一個是「炸藥」。糖是使人愛吃，酒是使人感動，炸藥就是我們的作用。這三個要素是使人接受我們理論的必要工具。

（二）評論的體裁，不必依照一定的形式，述評式可以，問答體可以，辯論體也可以，只要她有豐富的內容。字數在評論的效力上也很有關係，大概社論普通最長不過二千字，以一千五百字左右爲適中；小評則愈短簡愈好，「短刀」「尖兵」之類，找着要害戳它一戳，它的力量還會比長篇大論來得大而兇。

（三）評論的詞句，必須有力；行文主要的精神，在乎有氣勢。同時，一篇評論，必須先立一個重心，全篇要跟着這一個重心來發揮。她必須有結論，而結論必須有堅決的神氣。

（四）評論必須把握讀者的心理，譬如，這幾天敵機不斷轟炸廣州，一般人都懷着恐懼，許多希望着我們馬上有空軍去和敵機作戰，也有人主張我空軍也同樣的去轟炸敵國各地。於是我們根據這些心理，去說明消極恐懼無用，去鼓勵大衆踴躍捐款購機，更指出兇殘的報復，反會便宜了日本軍閥對它國內民衆的欺騙。此外，譬如在廈門淪陷後，華南一部份民衆深怕敵人就會進攻華南，因而他們之需要有識者解答這個疑慮，是很迫切的，如果我們此時把這問題作有力的解答，一定獲得讀者的歡迎。

（五）評論對於讀者不易明瞭而又必須讀者澈底明瞭的問題，必須反覆解釋，多多提出設問。同時，每一個論證，最好是多援引實例，光是理論，會比實例來得容易使人相信。評論最宜忌的，是空洞的理論，只有感情沒有理智的「黨八股」式，口號化；或只有理智而沒有感情的學院文章式，講義式。必須兩者溶合運用，卽是說，它要有煽動力，同時也有分析力。

（六）可以說，煽動力是鼓舞讀者的精神，使他們去幹；分析力是堅决讀者的意志，使他們去怎樣幹。兩者都是必要的。怎樣去煽動？它有兩個條件：其一是熱烈誠摯的筆調，（主觀的）其一是切身利害的題材。（客觀的）怎樣去分析？它也有兩個條件：其一是優越有力的理解；（主觀的）其一是切近而易見易懂的事物。（客觀的）

（七）此外，它的題材必須新鮮要緊，每一篇一句都是有所謂而發的。至於評論的標題和文章也有關係，它必須動人而有力。譬如，我們要評論敵機轟炸廣州，內容是要市民們不要怕，要市民們踴躍捐款購機，這里有幾幾個標題，作爲比較：

敵機轟炸不必怕！

按：這樣的標題，有類於官方勸諭，在讀者未明白你所說的理由以前，簡直等於廢話，故不如改爲——

怎樣才不怕敵機轟炸？（或）

避免敵機轟炸方法

在恐怖心情之下，他們很願意聽你的高見，這種標題，它具有充分的吸引力。

敵機兇殘之感言

按：這類標題，過於平凡，令人一見，會想到作者是沒有什麼主張似的。而且，這類標題太抽象了，它不能緊握文章的重點，大不宜用。

還有一點，是評論標題不宜多字，以醒目有力爲主。

第十三課　怎樣營業？

這似乎是生意經，然而報館的營業，和普通商業的營業不同，它和整個的新聞政策，卽它和報館工作的發展，是具有連帶關係的。

報館營業的主要部門，其一是發行，其一是廣告。現在分開來說：

(一)發行　發行的目的，在於多多爭取讀者，把報份的銷路擴大範圍。除了報紙本身優點以外，發行網的有力展開，是必要的。怎樣展開發行網呢？

1. 利用交通線作迅速寄遞的競爭。
2. 公衆團體的贈閱相當時期。
3. 各地代理與轉輸站的建立。
4. 利用投稿者推銷。

5. 利用失業者平民學校難民的推銷。
6. 假定開闢×地發行線，可和編輯部商定注意×地的通訊。
7. 還有當地的報販，關係銷路很重要的。往往報館的發行生命，操諸於報販之手，故我們除了許以優厚利潤之外，還要進行感情之聯絡。
8. 可能範圍內爲讀者服務，也是推行報份的好辦法，如代募收救國捐款等，這，可和服務部方面商定辦法。
9. 發行股將每日發行情形，製定報告表塡報編輯部。

（二）廣告　廣告成爲報館給養的正當資源，除了少數靠補助費收入的報館之外，多是以廣告費爲最大收入的。要增加廣告費的收入，固然主要的視乎該報的地位，而辦理廣告的得宜與否，也有很大關係。這里提出幾點應注意的：

1. 編排得宜。卽編排一段廣告的地位，必須顧及刊戶的利益。在報紙各欄劃分中，須注意廣告地位不致成爲偏廢。

2.代爲設計，如繪圖，用字，怎樣才美觀，怎樣才適宜，可以應刊戶的請託或徵得其同意，代爲設計。

3.要顧全報容和報格。對於一塲糊塗的廣告，足以破壞報容的，應和刊戶商改；無對於誨淫汚穢反動的廣告，不得已時只有拒絕刊登。

4.此外多聯絡刊戶廣告公司廣告經手人員，和向各商業團體人物發生關係，也是必要的。

第十四課　怎樣管理工塲？

普通管理工塲的責任不屬於編輯部，這是很不合理的，因爲工塲的直接關係是編輯部。我主張除了工塲的經濟關係須由營業部辦理之外，其餘一切則歸於編輯部。

工塲應設置一工塲主管人，直接受編輯部指揮。例如排字工塲排電訊的部份，歸電訊編輯指揮；排副刊的部份，歸副刊編輯指揮；拼版的部份，歸校對長指揮。

編輯部的工作人員必須熟悉工場的情形，須常常親到工場，指示工人工作，和建立對工人的感情。

對於時間，排印式樣，編輯，和工場都有息息相關的地方。編輯部必須和工場方面有一種約定，如那類稿的發稿，截稿，頭校，二校，校大樣，製版，付印，出報的時間，使成爲有條理的照應配合。

報館工作者，應該沒有階級的分別，團結地與趣地，一致去爲報館的前途而努力。並且 我們必須使全體工作人員的意志認識，集中在共同統一之下，成爲一個有力的組織集團。故編輯部必須對於工人盡其訓導的責任。如：組設娛樂機關；休假旅行；閱報室；講演會，歌詠會；消費合作；工人子弟學校；可能幫助工人解決困難。

這樣，對於工人的精神技術，都會得到很大的進益，而於鞏固報館方面，也有很大的幫助。

图书在版编目（CIP）数据

战时新闻学 / 任毕明著. —北京：中国传媒大学出版社，2018.3
（中国近代新闻学名著系列丛书 / 芮必峰主编）
ISBN 978-7-5657-2247-9

Ⅰ. ①战⋯ Ⅱ. ①任⋯ Ⅲ. ①新闻学 Ⅳ. ① G210

中国版本图书馆 CIP 数据核字（2018）第 042612 号

中国近代新闻学名著系列丛书
芮必峰 主编
战时新闻学
ZHANSHI XINWENXUE

著　　者 任毕明
策划编辑 司马兰 姜颖昳
责任编辑 姜颖昳
封面设计 拓美设计
责任印制 阳金洲

出版发行 中国传媒大学出版社
社　　址 北京市朝阳区定福庄东街 1 号　　邮编：100024
电　　话 86-10-65450532 或 65450528　　传真：010-65779405
网　　址 http://www.cucp.com.cn
经　　销 全国新华书店

印　　刷 北京华联印刷有限公司
开　　本 787mm × 1092mm　1/16
印　　张 9.75
字　　数 96 千字
版　　次 2018 年 6 月第 1 版　2018 年 6 月第 1 次印刷

书　　号 ISBN 978-7-5657-2247-9/G · 2247　　定　价 58.00 元